법의 정신, 칭기스 칸과 몽골인

옮긴이 소개

박정원(朴井源, PARK Jeong Won)은 국민대학교에서 법학박사 학위를 취득하였으며 국민대 법대 교수이다. 국민대에서 법대 학장과 법무대학원장, 법학연구소장과 한반도미래연구원장을 역임하였다. (사)전국법과대학교수회 회장, (사)과거청산통합연구원 이사장이며, 대한민국 정부, 국회, 법원 등에서 연구 및 자문위원으로 활동하고 있다.

법의 정신, 칭기스 칸과 몽골인

1판 1쇄 인쇄 2025년 8월 18일
1판 1쇄 발행 2025년 8월 31일

지은이 • 소도브수랭 나랑게렐 (Sodovsuren Narangerel)
옮긴이 • 박정원
발행인 • 이성흠
편 집 • 김승희
펴낸곳 • 지석문화원

주   소 ‖ 03303 서울특별시 은평구 진관4로 77, 703동 706호
전   화 ‖ 010-9023-1177
전자우편 ‖ suhlee17@hanmail.net
출판등록 ‖ 2021. 12. 21. 제2021-000257

ⓒ 2025, 박정원 · 지석문화원, Printed in Korea

ISBN 979-11-989463-0-0

표지 디자인 • 손인문

법의 정신, 칭기스 칸과 몽골인

소도브수랭 나랑게렐 지음

박 정 원 옮김

지석문화원

일러두기

- 이 번역서는 Содовсүрэнгийн Нарангэрэл, Хуулийн амин сүнс ба Чингис хаан, Монголчууд, Жиком Пресс ХХК, 2018 он, гурав дахь хэвлэл를 기초로 하였음. 최대한 원저작의 표기를 기본으로 하여 번역함.

- 외래어는 '외래어 표기법'에 따르되 관행적으로 쓰는 표기들은 예외를 두었음. 특히, 몽골어의 특이 발음 등에 유의하였음.

- 본문에 진하게 표시된 글씨는 저자가 특별히 강조하여 읽어 주기를 바라는 부분임.

발간사

한국과 몽골의 관계는 1990년 수교 이래 정치, 경제, 사회, 문화 등 다방 면에서 비약적인 발전을 거듭하고 있다. 냉전 체제에선 사회주의 국가였던 몽골은 우리에게 먼 나라였지만, 역사를 거슬러 보면, 양국은 이미 긴밀한 유대관계를 맺고 있었다. 오늘날 한국과 몽골은 문화적 친밀감을 공유하면서 발전적 미래를 개척하고 있다.

불과 25년 전, 번역자는 한국과 몽골 간(이하 한몽간)에는 법제 분야에서 협력의 길을 찾아 몽골을 방문했을 때, 당시 몽골국립대학교(이하 몽골국립대) 법과대학 나랑게렐(Наранг эрэл) 학장님이 베풀어주신 환대와 아낌없는 도움을 기억한다. 올해는 한국의 국민대학교와 몽골국립대는 2011년 몽골국립대 법과대학에 '한국법교육센터'를 세우고 한국법 전공 과정(5년제 학부)을 개설한 지 15년을 맞았다. 그래서 10번째 한국법 전공 과정 수료식은 그동안의 노력과 성과를 보여준 의미 있는 행사였다. 이제 한국법 전공 수료생들은 몽골 및 해외에서 법조, 학문, 비즈니스 등 분야에서 중요한 역할을 맡고 있다. 이런 성과는 나랑게렐 교수님의 깊은 관심과 지원이 있었기에 가능하였다. 개인적 친분을 넘어서 국가적 차원에서도 나랑게렐 교수님의 한몽간 법제 협력에 대한 공헌에 대해 깊이 감사의 뜻을 표한다.

잘 알고 계시는 것과 같이, '칭기스 칸은 위대한 왕'이라는 뜻이다. 몽골인들은 그를 동아시아부터 동유럽까지 광대한 영토를 차지한 몽골 제국을 세운 정치 및 군사 지도자로 추앙한다. 칭기스 칸의 정신은 몽골의 대부분 문화라고 할 정도로 국가의 기반을 이루고 생활 속에서도 당연하면서도 자연스럽게 발현되고 있다. 칭기스 칸의 사상과 행적은 몽골 역사의 근간이며, 공동체의 신념과 사상의 원천이라고 설명된다. 그렇다면 몽골의 사상적 원칙과 생활의 기초를 이루고 있는 칭기스 칸의 정신이 과연 몽골의 법사상과 원리 면에서도 크게 영향을 미칠 것이라는 생각을 하게 되었다.

이런 가운데 나랑게렐 교수님이 칭기스 칸의 정신을 중심으로 하여 몽골인의 법의 원리와 기초에 대해 의문과 해답을 제시하였음을 알게 되었다. 교수님께서 건네주신 몽골어로 된 'Хуулийн амин сүнс ба Чингис хаан, Монголчууд (법의 정신, 칭기스 칸, 몽골인)'이란 책을 보면서 어찌 읽을 것인가 고민하게 되었다. 이미 영어, 일본어, 프랑스어 등으로 번역되어 있었고, 교수님의 승낙을 받아 한국어로 번역할 용기를 얻었다. 그러나 몽골의 역사, 전통과 문화, 지정학적 환경 등에서 비롯한 법의 정신에 깃든 의미를 이해하기는 쉽지 않았다. 더욱이 몽골의 독특한 유목 문화와 세계를 정복했던 강력한 정치권력 체제라는 인식은 몽골법의 근본정신을 파악하기 어렵게 하였다. 게다가, 몽골학자들도 이 책을 읽기는 쉽지 않다는 평론에 비추어 볼 때, 번역과 출간을 더디게 하는 적절한 핑계가 되기도 하였다.

　이러한 시점에서 한국법 전공 학생들이 국민대학교 대학원에 진학함에 따라, 몽골법의 근본과 정신에 관한 토론을 통해 이해의 폭을 넓혔고, 번역은 크게 진전되기 시작하였다. 특히, 국민대학교 대학원 박사과정생인 첸드수렝 변호사는 학문공동체의 동학으로서 절대적인 지원을 하여, 번역과 출간에 큰 힘이 되었다. 이 번역서는 한몽간 법학 교류 과정에서 얻은 하나의 결실임을 자부한다. 이 책이 나오기까지 시간과 정열을 아끼지 않으신 분들께 감사의 말씀을 드린다.

　무엇보다 나랑게렐 교수님은 몽골법의 역사적 배경과 철학적 기초에 천착하고 현재 몽골 입법과 법제 발전에 지대한 공헌을 하셨다. 이 번역서가 그분의 학식과 경륜에 누가 되지 않기를 바란다. 마지막으로 부디 이 번역서가 몽골인에게 자리 잡은 법 정신의 원천과 역사를 이해하는 길잡이가 되기를 기대한다.

2025년 7월 31일
국민대학교 법과대학 교수 박정원 謹識

Өмнөтгөл

Бүгд Найрамдах Солонгос Улс ба Монгол Улсын хоор онд 1990 онд дипломат харилцаа тогтоосноос хойш хо ёр орны хамтын ажиллагаа нь улс төр, эдийн засаг, ни йгэм, соёл зэрэг нийгмийн амьдралын олон салбарт ул ам бүр өргөжсөөр байна. Хүйтэн дайны үед социалист орнуудын нэг байсан Монгол Улс нь бидний хувьд алс холын мэт санагдав ч, түүхийн шарласан хуудсыг сөх өн үзвэл өнө эртнээс найрсаг дотно харилцаж ирсэн ба йдаг. Өдгөө Монгол, Солонгос хоёр улс соёлын солил цооны түшиц дээр тулгуурлан харилцан итгэлцэл, нөх өрлөлөө бататгаж, ирээдүйн хөгжлийн шинэ гарцыг ха мтдаа эхлүүлж байна.

Монгол Улсад одоогоос 25 жилийн өмнө анх удаа зо чилж, хоёр улсын хууль эрх зүйн салбарын хамтын аж иллагааны гарцыг эрэлхийлж байсан үеийг эргэн нэг с анахад, Монгол Улсын Их Сургуулийн Хууль зүйн су ргуулийн захирал, профессор С.Нарангэрэл биднийг н айрсгаар угтан авч, сайн нөхрийн ёсоор дэмжин тусал ж байсан нь ой тойнд одоо ч тодхон байна. Өнөөдрийн байдлаар Монгол Улсын Их Сургууль болон Бүгд Най рамдах Солонгос Улсын Күүкмин Их Сургуулийн хам тын ажиллагааны хүрээнд 2011 онд Монгол Улсын Их

Сургуулийн Хууль зүйн сургуулийн дэргэд "Солонгос ын эрх зүйн боловсролын төв"-ийг байгуулж, Солонго сын эрх зүйн мэргэжлийн хөтөлбөр (5 жилийн сургалт тай)-ийг баталж, нэвтрүүлснээс хойш өдгөө тус болов сролын төвийн 15 жилийн ой тохиож байна. Энэ хугац аанд бид арван удаагийн төгсөлтийг амжилттай зохио н байгуулсан нь хамтын хүчин чармайлт, ололт амжил тыг илтгэн харуулсан онцгой ач холбогдолтой үйл явд ал билээ. Өдгөө тус хөтөлбөрийн төгсөгчид Монгол тө дийгүй олон улсын хэмжээнд хууль эрх зүй, эрдэм ши нжилгээ, бизнесийн салбарт мэргэжлээрээ ажиллаж, ч ухал үүрэг гүйцэтгэж байна. Энэхүү амжилтад профес сор С.Нарангэрэлийн чин сэтгэлийн дэмжлэг, туслалц аа чухал хувь нэмэр оруулсныг онцлон тэмдэглэх нь з үйтэй. Нөхөрлөл, итгэлцэл цаашлаад хоёр улсын хуул ь эрх зүйн хамтын ажиллагаанд профессор С.Нарангэр элийн оруулсан хувь нэмэрт гүн талархал илэрхийлье.

Бидний сайн мэдэхээр "Чингис хаан" хэмээх нэр нь "Агуу их хаан" гэсэн утгыг илэрхийлдэг. Монголчууд түүнийг Дорно Азийн уудам тал нутгаас Европын төв хүртэлх өргөн уудам газар нутгийг нэгтгэн, Монголы н эзэнт гүрнийг байгуулсан улс төрийн болон цэргийн гарамгай удирдагчийн хувиар хүндэтгэн дээдэлдэг. Ч ингис хааны үзэл санаа нь Монголын төр оршин тогтн ох үндэс суурь болж, ард түмний өдөр тутмын амьдра лд ч жам ёсны салшгүй нэгэн хэсэг нь болон илэрдэг.

Түүний үзэл санаа, үйл хэрэг нь Монголын түүхийн т улгуур багана төдийгүй нийт ард түмний итгэл үнэм шил, оюун санааны гол эх булаг хэмээн тодорхойлогд дог. Иймээс Монголын оюун санааны зарчим, нийгмий н амьдралын үндсийг бүрдүүлж буй Чингис хааны сур гааль, үзэл баримтлал нь Монголын эрх зүйн онол, зар чимд ч гүн гүнзгий нөлөө үзүүлсэн байх нь гарцаагүй гэх бодол төрж байна.

Үүний зэрэгцээ профессор С.Нарангэрэл нь Чингис хааны үзэл санааг голчлон, Монголчуудын эрх зүйн о нол, зарчмын талаарх суурь асуудлыг хөндөж, тайллыг нь дэвшүүлснийг мэдэх боломж олдсон юм. Түүнээс *"Хуулийн амин сүнс ба Чингис хаан, Монголчууд"* хэмээх монгол хэл дээрх бүтээлийг гардан авахдаа хэр хэн ойлгож унших билээ гэдэгтээ эргэлзэн, гүн бодол д автаж билээ. Уг бүтээл нь аль хэдийн англи, япон, ф ранц зэрэг хэлээр хөрвүүлэгдсэн байсан тул профессо рын зөвшөөрлөөр солонгос хэлнээ орчуулахаар зориг шулуудсан юм. Гэвч Монголын түүх, уламжлал, газар зүйн онцлог бүхий орчин нөхцөлөөс ургасан хуулийн сэтгэлгээ шингэсэн гүн утга учрыг бүрэн танин мэдэх нь амаргүй байлаа. Үүнээс гадна Монголын өвөрмөц н үүдлийн соёл, дэлхий дахиныг байлдан дагуулсан хүч ирхэг төрийн эрх мэдлийн тухай ойлголт нь Монголы н эрх зүйн суурь сэтгэлгээг тодорхойлоход бэрхшээл болж байсан юм. Үүгээр үл барам зарим монгол судла

ачид ч өөрсдөө энэ бүтээлийг гүн гүнзгий агуулгаар о
йлгож уншихад бэрхшээлтэй гэж дүгнэсэн нь уг бүтээ
лийг орчуулах болон хэвлэн нийтлэх үйл явцыг удааш
руулах нэгэн шалтгаан болж байлаа.

Удалгүй Солонгосын эрх зүйн төгсөгч оюутнууд К
үүкмин их сургуулийн ахисан түвшний хөтөлбөрт сур
алцаж эхэлснээр Монголын эрх зүйн уг үндэс ба сүнс
лэг чанарын талаар өргөн хүрээтэй хэлэлцүүлэг өрнү
үлж, ойлголтын цар хүрээ маань тэлсэн нь орчуулгын
ажлыг үлэмж ахиулсан билээ. Нэн ялангуяа Күүкмин
их сургуулийн докторант, хуульч Б.Цэндсүрэнгийн нө
р их хөдөлмөрийн үрээр уг бүтээлийг орчуулах, хэвлэ
н нийтлэх үйл хэрэг бодитоор биелэх боломж бүрдсэн
юм. Энэ нь Монгол, Солонгосын эрх зүйн солилцооны
нэгэн үр шим хэмээн бахархах сэтгэл төрж байна. Энэ
хүү бүтээл хэвлэгдэн гарах хүртэл цаг хугацаа, сэтгэл
зүрхээ зориулсан бүх хүнд гүн талархал илэрхийлье.

Юу юунаас илүү профессор С.Нарангэрэл нь Монго
лын эрх зүйн түүхэн суурь, философийн үндсийг гүнз
гий судлан шинжилж, өнөөгийн Монголын хууль тогт
оомж болон эрх зүйн хөгжлийн үйл хэрэгт онцгой хув
ь нэмэр оруулсан юм. Энэхүү орчуулгын бүтээл нь тү
үний эрдэм мэдлэг, арвин туршлагын үнэт чанарт үл х
аршлаасай хэмээн чин сэтгэлээсээ хүсэж байна. Мөн
энэ ном нь Монголчуудын дунд танигдсан хуулийн сэ

тгэлгээний уг сурвалж, түүхэн үндсийг танин мэдэх н эгэн зам хөтөч болно гэдэгт итгэлтэй байна.

2025 оны 8 дугаар сарын 31
Орчуулсан Бүгд Найрамдах Солонгос Улсын Күүкмин
Их Сургуулийн Хууль зүйн сургуулийн Профессор
Пак Жон Вон

ТАЛАРХАЛ

Англи, орос, герман, казак хэлнээ хөрвүүлэгдсэн мин
ий эл номыг МУИС-ийн Хууль зүйн сургуульд солонг
осын эрх зүйн боловсролын төвийг 2010 оноос байгуу
лан солонгос хэл бүхий солонгосын эрх зүйн тогтолцо
оны мэдлэгтэй, дээд боловсролтой монголын эрх зүйч
дийг бэлтгэх төслийг амжилттай хэрэгжүүлж буй БН
СУ-ын Күүкминий Их Сургуулийн Хууль зүйн сургуу
ль эрхлэн солонгос хэл дээр хөрвүүлэн хэвлэсэнд зох
иогчийн хувьд чин сэтгэлийн угаас талархаж байна.

Хүн байхын учир утга нь түүний ёс суртахуунд ор
шино. Хэрэв хүмүүс ёс суртахууныг эс хайхран зөвхө
н мөнгө, тансаг хэрэглээг л амьдралын гол зорилгоо бо
лгосноос болж, манай дэлхий хог новшнуудаар дүүрсэ
н нь бодит үнэн. Боловсролтой атлаа ёс суртахуунаа д
ээдэлдэггүй хүмүүс бусдадаа гай зовлон багагүй авч
ирдаг билээ.

Гэтэл XIII зууны үед хүн ам нь нэг сая, насанд хүрэ
эгүй эрэгтэй хүүхдүүдээ татахад цэрэг нь нэг зуун мя
нга хүрэхгүй, сайн агт морьдоос өөр зэр зэвсэг гэхээр
зүйлгүй, амин зуулга нь бэлчээрийн мал сүрэг болсон
монгол үндэстэн их эзэн Чингис хааныхаа оройлсон м

анлайлал дор ёс суртахууныхаа эрхэм нандин өгөгдли
йн энергиэр дэлхий дахинд шударга ёс, амар амгаланг
(Pax Mongolica) тогтоож байсны нууцтай уншигч та эл
номоос танилцах болно. Энэ түүхэн үед монголчууд х
уулийн амин сүнсийг ёс суртахуун гэж нандигнан дээ
дэлж, хуулийн дээр гагцхүү ёс суртахуун оршдог хэм
ээн үзэж байжээ.

Монгол ба Солонгос улс XIII зуун буюу Их Монгол
Улсын үед их ойр дотно харилцаатай байсныг түүхэн
баримт хөдөлшгүй гэрчилдэг билээ. Солонгосын эрх з
үйн ухамсар, эрх зүйн соёл нь Дорнот Азийн улс түмн
ий хувьд нийтлэг шинжтэй Күнзийн сургаал, сэтгэлгэ
эний уламжлалд тулгуурласан, хүмүүн ёс суртахуунл
аг байх, үүрэг хүлээх явдлыг эрхээсээ илүүд үзэх явд
ал давамгайлах байдалтай байжээ. Чингис хааны багш
Чанчунь бомбо, эрхэмбээрийн есөн өрлөгийн нэгэн А
лтан улсын Чу мэргэн (Елюй Чуцай) нарын зэрэг Күнз
ийн сургаалд гүнзгий нэвтэрсэн хүмүүс Чингис хааны
эрх зүйн сэтгэлгээнд арилшгүй ул мөрөө үлдээсэн аж
ээ. Ийм сэжмээр XIII зууны үеийн монгол, солонгосы
н эрх зүйн ухамсар ба эрх зүйн соёл нягт холбогдож б
айсныг энэ ялдамд зориуд тэмдэглэж байна.

Түүх-хууль зүйн агуулга бүхий эл номыг солонгос
хэлнээ хөрвүүлэн хэвлүүлэх үйлсэд чин сэтгэл, зүтгэ
л гаргасан БНСУ-ын Күүкмин Их сургуулийн Хууль з

үйн сургуулийн профессор, миний дотны солонгос ан

д Пак, тус сургуулийн докторант Цэндсүрэн нар боло

н бусад хүмүүст их баярласнаа илэрхийлж, гүн хүндэ

тгэл үзүүлж байна.

2025. 8.

МУИС-ИЙН ЭМЕРИТ ПРОФЕССОР С.НАРАНГЭРЭЛ

감사의 글

저자(나랑게렐)의 이 책이 영어, 러시아어, 독일어, 카자흐어로 번역된 것에 더하여, 2010년부터 몽골국립대학교 법과대학에서 '한국법교육센터'를 설립하여, 한국어를 기반으로 하는 한국법 체계에 대한 지식을 갖춘 고등교육을 받은 몽골 법률가 양성 사업을 성공적으로 수행하고 있는 대한민국 국민대학교 법과대학에서 한국어로 번역·출판해 주신 데 대해 저자는 진심으로 깊은 감사를 드립니다.

인간 존재의 의미와 목적은 그의 도덕성에 깃들어 있습니다. 만약 사람들이 도덕성을 경시하고, 오직 돈과 사치만을 삶의 최우선 목표로 삼는다면, 이 세상이 쓰레기로 넘쳐나는 현실이 되리라는 것을 부인할 수 없는 진실입니다. 교육받았음에도 도덕을 중시하지 않는 사람들은 타인에게 적지 않은 고통과 불행을 초래합니다.

13세기, 인구가 약 100만 명에 불과하였고, 성인 미만 남자를 징집했을 때, 군대 규모는 10만 명에도 미치지 못했으며, 좋은 명마 이외에는 무기라 할 만한 것이 없었던 몽골 민족은, 대왕 '칭기스 칸(Чингис хаан)'의 뛰어난 지도력 아래 도덕성이라는 소중한 정신적 에너지를 바탕으로 세계에 정의와 평화(Pax Mongolica)를 수립하였다는 비밀을 독자 여러분께 이 책을 통해 소개하고자 합니다. 이 역사적 시기 몽골인들은 법의 본질을 도덕성에서 찾았으며, 법 위에는 오직 도덕성만이 존재한다고 여겼습니다.

몽골과 한국은 13세기 대몽골국 시기에 매우 긴밀한 교류 관계를 맺었음이 역사적 자료를 통해 명확히 입증됩니다. 한국의 법의식과 법 문화는 동북아시아 여러 민족에게 공통적인 유교의 가르침과 사상 전통에 기초하였으며, 인의예지(仁義禮智)를 중시하고 권리보다 의무를 우선시하는 특성이 있었습니다. 칭기스 칸의 스승인 찬충 봄보(Чанчунь бомбо)와 칭기스 칸의 아홉 장군 중, 한 명인 금나라의 예루이추차이(Елюй Чуцай) 등 유교 사상에 깊이 조예가 있었던 인물들은 칭기스 칸의 법사상에 지대한 영향을 미쳤습니다. 이와 같은 맥락에서 13세기 몽골과 한국의 법의식과 법 문화가 밀접하게 연관되어 있었음을 본문에서 특별히 밝히고자 합니다.

역사와 법률적 내용을 담은 이 책을 한국어로 번역·출판하는 데 진심과 노력을 다해주신 대한민국 국민대학교 법과대학 교수이자, 저의 진정한 한국 친구인 박정원 교수님, 동 대학원 박사과정생 첸드수렝 등과 같은 법과대학의 모든 관계자분께 깊은 감사와 경의를 표합니다.

2025년 8월
몽골국립대학교 명예교수 소도브수렝 나랑게렐

목차

추천사

나랑게렐 교수님의 이 책은 하나의 지식수준에서
상당한 큰 변화를 일으킨 발견으로 본다.

– 체. 다와다시 교수, 철학 박사

칭기스 칸의 유산을 바탕으로 법 정신의 철학적 기초를
정의하고 분석한 학술적 대작이다.

– 게. 초로옹바타르 과학원 수석부회장

나랑게렐 박사님은 몽골이
자랑스러운 역사를 가진 나라임을 세계에 알렸다.

– 에스. 초로옹 과학원 역사, 고고학 연구소 소장, 교수 박사

나랑게렐 교수님은 훌륭한 전통을 가진 우리 조상들의 세계를
지배한 지식을 끊임없이 탐구하였다.

– 엘. 다스냠. 몽골 전통 과학원 부장, 교수 박사

법조인, 법학도뿐만 아니라 입법자, 정치인, 공무원들이
반드시 읽어야 할 책이다.

– 제. 에르댕볼강. 몽골국립대학교, 법과대학 학장, 박사

이 저서는 세계의 통용어로 번역되어야 할 가치가 있고,
몽골 연구와 칭기스 칸 연구를 위해
반드시 읽어야 할 책 목록에 포함되어야 한다.

– 대. 짜야바타르 몽골국립대학교, 몽골 연구소 소장, 박사

법과 도덕 사이에 연계성을 연구한 현시대의 역저이다.

– 배. 궁비랙. 몽골 변호사 협회 회장, 박사

칭기스 칸, 몽골인과 몽테스키외

1. 몽테스키외: 법의 정신의 기초자

프랑스의 부유한 귀족 집안 출신 샤를 루이 드 몽테스키외
(Charles-Louis de Montesquieu, 1689~1755)는 지구상에서
'법의 정신(독일어: *Esprit des Lois*, 프랑스어: *De L'Esprit
des Lois*)'의 이론에 관해 최고의 연구를 하였다고 볼 수 있
다. 몽테스키외는 보르도에서 법을 공부하고 졸업하였으며,
변호사로 일을 하다가 '*Collectio Juris*'이란 6권의 책을 출판
하였다. 또한, 몽테스키외의 "페르시안의 편지들(*Lettres
Persanes*)"은 인기리에 팔렸으며, 그를 유명하게 만들었다.

1748년 출판한 '법의 정신'은 몽테스키외의 저서이며, 법의
정신에 관해 연구한 유명한 저술의 하나이고, 이 작품은 몽테
스키외를 세계적으로 저명한 사상가의 반열에 올려놓았다.
몽테스키외는 이 책에서 법에 대해 다음과 같이 기술하였다.
"각 나라의 기후, 토양의 성질, 위치와 크기, 주민의 생활양식:
농부, 수렵인 또는 목축인과 관련되어야 한다. 헌법이 부여하
는 자유의 정도, 주민의 종교, 성향, 부, 숫자, 상업, 풍습 및 생
활양식에도 관계해 있어야 한다. 그런 법은 그들 간에도 서로

관계가 있으며, 각자의 기원뿐만 아니라 입법자의 목적과도 관련이 있다. 입법자, 그리고 그것이 확립된 사물의 질서와도 관계되어 있다. 이런 모든 입장에서 법을 고찰하지 않으면, 안 된다. …… 저자가 이 책에서 하고자 하는 바로 이것이다. 저자는 이런 모든 관계를 검토할 작정이다. 이런 모든 것이 '법의 정신'이라고 일컬어지는 것을 형성한다. …… 저자는 먼저 법이 각 정체의 성질 및 원리에 대해 가지는 관계를 검토할 것이다. 그리고 이 원리는 법에 비상한 영향을 미치고 있으므로 이를 충분히 알아보려고 애쓸 생각이다."[1]

현대의 모든 나라의 법, 특히 헌법의 근저에는 몽테스키외의 삼권분립이 자리 잡고 있었다. 그는 이론의 근거와 합리성을 설명하면서, 몽골과 칭기스 칸(몽골어: Чингис хаан, 한자: 成吉思汗, 영어: Genghis Khan)을 주요 연구 대상으로 하였다. 따라서 몽테스키외는 앞에서 보았듯이 '법의 정신'이란 책을 만들 때, 칭기스 칸을 포함한 몽골인으로부터 큰 영향을 받았다.

2. 몽테스키외는 몽골인들을 '지상에서 가장 특이한 민족'이라고 정의한다

몽테스키외는 몽골인을 '지상에서 가장 특이한 민족'[2]이라고

---

1 몽테스키외, 법의 정신, 프랑스어를 몽골어로 번역한 책(T. Төм өрхүлэг, Шарль Монтеско, Улаанбаатар, франц хэлнээ с орчуулсан, Монсудар, 2009), 256면 ('몽테스키외 본서'라고 약칭).

'법의 정신'이라는 대표적인 책에서 정의한다. 그러나 그 표현은 긍정적으로 쓴 것이 아니다. 이에 대해 미국의 잭 웨더포드(Jack Weatherford)라는 학자는 "르네상스 시대의 작가들과 여행자들은 칭기스 칸과 몽골인을 공개적인 찬사를 쏟아 부었지만, 18세기 유럽의 계몽주의는, 특히 몽골인을 그 거대한 대륙의 모든 악하거나 결함이 있는 상징으로 추켜세움으로써 반아시아 정서를 낳았다. 1748년 초 프랑스 철학자 몽테스키외는 그의 '법의 정신(*The Spirit of the Laws*)'에서 아시아인을 경멸하고, 몽골인의 혐오스러운 자질 대부분을 "지상에서 가장 특이한 민족이라고 명명한 몽골인 탓으로 돌렸다."[3] 라고 기술하였다.

몽테스키외는 '법의 정신'에서 모든 국가의 구성원들을 시민, 미개인과 야만인으로 구분한다. 이 책에서 유럽에는 시민들이 산다고 한다. 그는 "미개인들은 적고 흩어진 민족이며, 어떤 특별한 이유로 함께 모일 수 없다."[4]라고 한다. 예를 들면, 시베리아의 사람들은 생존하기 어렵기 때문에 집단을 이루어 살 수 없다,"[5] "미개인들은 사냥에만 집중한다."[6]라고 하였다. 야만인은 '집단을 이룰 수 있는 작은 규모의 사람들'[7], '유

---

2   몽테스키외, 앞의 책, 6면.
3   잭 웨더포드(Жак Уатерфорд), 세상을 깬 칭기스 칸 (Өнөөгийн Ертөнцийг үндэслэгч эзэн Чингис хаан), 개. 강벌드(Ганболд) 역, 울란바토르, 2009, 224~225면.
4   몽테스키외, 앞의 책, 253면.
5   위의 책, 253면.
6   위의 책, 253면.
7   위의 책, 253면.

목민들'[8]이며, 이들을 북아시아에서 분명히 볼 수 있다.

이런 식으로 몽테스키외는 몽골인을 야만인으로 정의한다. 그 이유는 몽골인이 전쟁과 침략을 일으킨다는 것이다. 몽테스키외는 이러한 생각을 규명하기 위하여 당시 정부를 분석하였다.

3. 몽테스키외의 칭기스 칸 정부에 대해

몽테스키외는 지상에서 공화제, 군주제, 독재가 존재하며, 각 정부 형태를 분석하였다. 첫째, 공화제 정부는 국민 또는 국민의 일부가 최고의 권력을 소유하는 정부이다.[9] 둘째, 군주제 정부는 한 사람이 고정되고 확립된 법률에 따라 통치한다.[10] 셋째, 독재 정부는 한 사람이 자신의 의지와 변덕으로 모든 것을 명령한다.[11] 몽테스키외는 칭기스 칸의 지배를 군주제와 독재 둘 다에 속하는 것으로 보았을 것 같다. 그는 군주제에 대해 "한 사람이 일반적인 법률을 적용하여 통치하는 것을 의미한다. 나는 중간, 종속, 종속적 권리라고 말한다. 실로 군주제에서 왕자는 시민과 정치적 모든 권력의 원천이다."라고 썼다.[12] 반면에 그는 "독재 정부 성격과 관련하여 법의 원천은 독재정권의 성질로부터 모든 권력을 집중하는 한 사람이

---

8   몽테스키외, 앞의 책, 253면.
9   위의 책, 15면.
10   위의 책, 6면.
11   위의 책, 6면.
12   위의 책, 13~14면.

그 다른 권력의 집행도 한 사람에게 위임한다. 자기 생각이 언제나 전부이고 그 신하들은 아무것도 아니라고 알려주는 자는 본성적으로 게으르고 방탕하고 무지하다."[13]라고 언급하였다.

몽테스키외는 칭기스 칸의 통치는 독재라고 정의하고, "대초원이 있고 산과 바다에 의해 광활한 지역으로 단절되었다. 남으로 갈수록 샘물은 쉽게 고갈되고 산에는 눈이 많지 않고, 강은 넓지 않아 장애물이 거의 없다."[14]라고 기술하였다. 이러한 상황에서 권력은 항상 독재화된다고 추론하였다. 이어 그는 "독재국가의 행위와 관행은 절대로 변하지 않는다는 것이 핵심 원칙이다. 이것은 더는 혁명을 일으킬 것이 없다. 무슨 뜻이냐면, 이러한 국가에서 법률이 없고 전통과 관념이 지배하여 이것을 사라지게 한다면 모든 것을 파괴한다는 말이다."[15]라고 하였다. 몽골을 여행한 적이 없고 몽골을 잘 모르는 천재 몽테스키외는 아마 몽골은 광대한 초원이거나 인적이 드물어 사람의 마음을 둘 곳이 없어 살기가 힘든 곳이라고 느꼈을 수 있다.

한편, 실제로 정직하고 용감하며 친절한 나라는 그늘과 포옹으로 매력적이고 독특하며 다른 광대한 구불구불한 평원에서 말의 안장 위에서 성장하였다. 그들은 태양과 영원한 푸른

---

13 몽테스키외, 앞의 책, 15면.
14 위의 책, 246면.
15 위의 책, 272면.

하늘 아래서 사람들의 마음과 마음을 사로잡을 힘을 가지고 있었다. 천재 몽테스키외도 이 국가를 평화롭고 인간적이라고[16] 썼다.

4. 몽테스키외가 주장하였듯이 전쟁이 법을 만들었을까

몽테스키외는 몽골인은 "그들의 무리와 양 떼들이 한동안 재결합하여 살 수 있기 때문에 계절에 따라 하나의 동체를 이루어 살 수 있다. 그러면 모든 씨족이 재결합할 수 있고, 이는 한 족장이 다른 많은 족장을 제압할 때, 가능해진다. 그 후에 그들은 다음 둘 중 하나를 선택하게 될 것이다. 결국, 분리되거나 혹은 남부 제국에서 위대한 정복을 할 계획을 하고 출발하게 된다."[17]라고 몽골인에 관해 기술하였다. 이렇게 해서 몽테스키외는 몽골인 생계의 중심인 양 떼와 가축들이 무리를 이루게 되면, 모든 야만인은 통합하게 된다고 시사하였다. 한 지배자가 많은 부족을 억누른다는 말은 기본적으로 칭기스 칸에 대해 언급한 것 같다. 몽테스키외는 몽골인들은 양 떼와 무리에서 자신들의 것이라고 여기는 것을 빼앗은 후, 각자의 길로 나뉘거나 끊임없는 전쟁을 하는 것에서 몽골인들은 '가장 잔인한 정복자'[18]이고, 그들은 "인도에서 지중해까지 아시아

---

16   몽테스키외, 앞의 책, 257면.
17   위의 책, 253면.
18   위의 책, 257면

를 파괴했다.”[19]라는 점을 강조하였다.

몽테스키외가 기술한 바에 의하면, “두 가지 다른 전쟁 상태가 인간 법을 생성한다.”[20] 몽테스키외의 말에 따르면, 첫 번째 전쟁 상태는 “인간이 사회 상태에 들어서자마자 자신의 약함에 대한 감각을 잃고, 평등은 사라지며, 전쟁 상태가 시작된다.”[21]라고 하였다. 그는 사회가 존재하기 전에 사람들은 생존하기 위해 자신의 약점을 명확하게 인식하였고, 두려움은 끝이 없게 되었다. 반면에 사람들은 사회에서 살면서 앞에서 언급했듯이 약점에 대한 느낌이 사라졌다고 본다.

몽테스키외가 생각한 바에 의하면, 둘째 전쟁 상태는 국가와 국가의 사이에서 발생한다. 그는 “특정 사회는 국가 간 전쟁 상태가 일어날 때, 그들의 힘을 느끼기 시작한다. 각 사회의 개인 역시 그들의 힘을 인식하게 된다. 따라서 이 사회의 원칙적인 이점을 자신들의 이익으로 전환하려고 시도하며, 이는 개인 간의 전쟁 상태를 구성한다.”[22]라고 하였다. 몽테스키외에 의해서 그 힘을 느끼게 하였던 인물인 칭기스 칸은 역시 그 사회에서 매우 개성 있는 인물이었음이 분명하다. 또한, 천재 몽테스키외는 칭기스 칸과 같은 지배자들이 수행한 이런 전쟁 상태가 인간 법의 발생을 가져왔다고 여긴다. 그러나 당연히 전쟁이 진정한 발생 이유가 무엇인가에 대해 질문이

---

19   몽테스키외, 앞의 책, 257면.
20   위의 책, 4면.
21   위의 책, 4면.
22   위의 책, 4면.

나온다. 그에 대하여 천재 몽테스키외는 대답하지 않는다. 전쟁 상태는 실제로 부와 권력, 영토 확장을 향한 극단의 탐욕과 상대방에 대한 혐오와 시기 같은 도덕적 타락으로 진행한다.

4. 몽테스키외 방식대로 법의 정신 원칙

천재 몽테스키외는 인간 사회는 반드시 정부를 구성하여야 한다고 믿었고, "어떤 사회도 정부 형태 없이 존속할 수 없다",[23] 또한 "지상의 모든 주민을 지배하는 것과 같은 의미에서"[24]라고 하였다. 과연, 평화와 질서는 인간의 세계에서만 정부의 구성을 통하여 세워질 수 있다. 몽테스키외는 "먼저 법이 어떤 정부의 성격과 원칙과 관련이 있는지 검토하였다. 그리고 이 원칙이 법에 강한 영향을 미치기 때문에 이를 철저히 이해하는 것을 자신의 공부로 삼았다. 그리고 일단 확립할 수 있다면, 법은 곧 그 근원에서 비롯된 것처럼 보일 것이다."[25]라고 하였다. 따라서 천재 몽테스키외는 법을 입법자의 구체적이고 정확한 기관으로 간주한다.[26] 이것은 기본적으로 법은 입법자가 제정한 규범과 기준이라는 것을 의미한다. 몽테스키외의 이러한 개념은 현대 법학에서 법률 해석의 기초가 되었다.

---

23 몽테스키외, 앞의 책, 5면.
24 위의 책, 5면.
25 위의 책, 6면.
26 위의 책, 273면.

5. 몽테스키외 도덕에 대해

몽테스키외는 세상의 모든 나라와 정부의 도덕은 필수[27]라고 언급하고, 도덕은 인간의 공통된 창조물[28]이라고 썼다. 그는 '정의', '덕행', '명예', '양육', '성실', '친절', '나라를 사랑하는 마음'과 같은 단어를 폭넓게 사용하여 도덕에 관해 탐구하였다. 그는 교육법도 기술하였다. 몽테스키외는 "교육법은 우리의 삶에서 가장 먼저 받아들이는 법이다. 이 법은 우리가 시민이 되도록 준비시켜 준다. 모든 개개의 가정은 그 모든 것을 포함하는 대가족의 계획에 따라 지배되어야 한다. 사람의 일반이 하나의 원칙을 가지고 있다면, 그들의 구성 요소, 즉 여러 가족도 원칙을 갖게 될 것이다. 따라서 교육법은 각 정체의 유형마다 다를 것이다. 군주정에서는 그들의 명예를 존중하고, 공화국에서는 덕성을, 독재 정부에서는 공포를 목적으로 갖게 될 것이다."[29] 라고 적었다.

몽테스키외는 일부 입법자가 인간을 지배하는 원칙들이 틀렸다는 점을 입증하려 하는가?[30] 라는 질문을 하고, 입법자의 원칙이 시민들을 평화와 평온하게 살게 하는 것이라고 언급하는 답을 제시한다. 몽테스키외는 사람들이 서로에 대한 존경심으로 가득 차 있을 것이다. 순간마다 그가 사회에 의존하고 동료 시민들에게 해야 할 의무를 이해할 수 있어야 한다

---

27   몽테스키외, 앞의 책, 9면.
28   위의 책, 9면.
29   위의 책, 27면.
30   위의 책, 274~275면.

는 것이다. 그들은 가장 광범위한 예의에 대한 규칙을 제시하였다. 따라서 이것은 법이 아니라는 점을 강조했다. 이같이 법은 도덕과 분리되어야 한다는 그의 제안은 다음 세대의 사상가들에 의해 일관되게 지켜졌다. 20세기에 몽테스키외의 개념을 일관되게 추구했던 주요 현대 법학 전문가 한스 켈젠(Hans Kelsen)은 "도덕규범은 법과 분리되어 본래의 특성을 유지하지 못하며 법이 될 수 없다."[31]라고 결론지었다. 그러나 칭기스 칸이 도덕을 법의 정신으로 정의하는 바를 이 저자가 다음 장에서 자세하게 논의할 것이다.

스위스 특파원 발터 보스하르트(Walter Bosshard)[32]가 1938년 출간한 "시원한 초원 몽골(Kühles Grasland Mongolei)"이란 제목의 여행 기록에서 "몽골인들은 항상 오해받아 왔다. 왜냐하면 그들은 자신들의 역사를 쓴 적이 없고 언제나 그들의 경쟁자들에 의해 기술되었기 때문이다."[33]라고 기술하였다. 그는 왜 몽골인은 역사를 스스로 쓴 적이 없다, 언제나 경쟁자들이 쓴다고 보았을까? 발터 보스하르트는 몽골인들은 스스로 13세기의 역사, 특히 칭기스 칸의 역사를 제대로 쓰지 않았다고 주장한다.

---

31 한스 켈젠(Hans Kelsen), 근본 규범 이론, 하탕바토르, 독일어를 몽골어로 번역, 울란바토르, 2013, 37면.

32 스위스 사진작가이자 기자인 발터 보스허르트(Walter Bosshard)는 1934~1936년 내몽골을 방문하였다. Сэтгэл була ам Монгол орон мину (Kühles Grasland Mongolei)이란 제목의 여행서는 1938년 출판 배포되었다.

33 발터 보스허르트, 시원한 초원 몽골, 독일어를 몽골어로 번역 바야르세칸(B. Bayarsaikhan), 울란바토르, 2014, 50면.

적들에 의해 기술된 몽골 역사

1. 세계의 제국

칭기스 칸이 성립시킨 몽골 제국은 아시아, 유럽을 통틀어, 세상에서 다시 만들지 못하는, 세계적인 제국이었다. 천재 몽테스키외는 아시아에서 항상 대제국이 세워졌고, 유럽에서는 결코 그런 대제국이 존재하지 않았다[34]라고 적었다.

13세기의 세계는 아시아와 유럽이라는 두 대륙으로만 구성되어 있었다. 포르투갈인들은 처음으로 15세기 이후부터 아프리카 대륙과 서부 해안을 연구하기 시작했다. 아메리카 대륙은 16세기에 발견되었다. 학자들은 동방과 서방을 연결하고 몽골의 지배 하에서 유례없이 발전하고 번창했던 동방과 비교했을 때, 유럽이 중요하지 않다고 주장하였다. 그러므로 유럽인들은 마르코 폴로(Marco Polo)의 여행 노트를 가장 먼저 읽기 위해 경쟁하였다. 다만, 몽골의 시대는 역사 속으로 물러갔지만, 동양의 진보와 번영은 자석처럼 부를 끌어당기는 힘이 되었고 점점 유럽인의 관심 대상이 되었으며, 크리스토퍼 콜럼버스(Christopher Columbus)가 대몽골 제국을 찾

---

34   몽테스키외 앞의 책, 246면.

아 떠나 발견한 것은 바로 아메리카대륙이었다.

호주 대륙은 17세기에 이르러서야 탐구와 연구의 대상이 되었고, 결과적으로 그것에 대해 알려진 것이 거의 없었다. 수세기 동안, 기본적으로 전 세계를 지배한 대몽골제국의 설립은 전쟁과 정복, 침략과 공격을 통하지 않고는 가능하지 않았을 것이라는 추측이 있었다. 그리고 역사가와 학자들은 그들의 저작과 기술들을 이러한 가정을 근거로 하였다. 몇몇 몽골 역사가들은 그러한 추측을 피하려고 칭기스 칸이 "대몽골제국의 공식 정치 이데올로기로서 몽골 **텡게리즘**(Tenggerism)의 진정한 창시자로 간주할 수 있었다."라고 믿었다. 몽골 비사를 비롯한 초기 자료에 따르면, 초기 샤머니즘의 기본 사상에서 비롯된 몽골 텡게리주의는 통합 몽골 시기 동안 몽골 국가의 주요 정치 이데올로기로 발전했다. 칭기스 칸의 선조들은 "하늘에서 온 신성한 기원"을 가지고 있다고 믿어지며, 따라서 칭기스 칸의 비범한 업적은 영원한 **텡게리**(Tenggeri: heaven)의 힘과 불가분의 의미를 지닌 것으로 인식되었다.[35]

몽골 제국 시대에 평화와 평온이 140년 동안 전 세계를 지배했다는 것은 사실에 불과하다. 약탈과 정복, 끔찍한 살인과 파괴가 평화롭고 고요한 삶을 가져올 수 있을까? 실제로 끊임없는 복수는 복수가 복수를 가져오는 순환으로 이어져 모

---

35   스. 비라(Sh. Bira), "칭기스 칸은 세계화의 아버지 – 칭기스 칸과 세계화", 국제학술대회 자료집, 2012년 11월 14~15일, 울란바토르, 2014년, 19면.

두의 죽음과 파괴로 끝나서야 비로소 복수의 사슬이 종식된다. 그런데 왜 칭기스 칸은 역사에 전쟁과 침략으로 그의 업적이 언급됨으로써 의도적으로 왜곡되어 저주의 표적이 되었을까?

2. 저주의 표적

폭동과 반란의 불꽃이 꺼지고 평화와 평온의 시대가 시작되었다. 도로의 강도와 약탈자들은 무력화되었고, 이익을 추구하는 상인들은 사방에서 몽골로 모여들기 시작했다. "동서 무역과 관계는 몽골을 중심으로 하는 안정된 국제 환경에서 몽골인이 그 중심에 있었다. 처음으로 글로벌 수준의 통합이라는 초기 형태가 형성되기 시작했으며, 그렇지 않으면 '유라시아의 대무역지대'라고 할 수 있다."라고 일본 학자 스기야마 마사아키(Sugiyama Masaaki)는 책에서 서술하였다.[36]

칭기스 칸은 금나라와 투르크메니스탄 대부분 지역의 반란을 종식시키고, 주요 도로에 보초를 세우고, 두역상과 상인에게 안전과 보안을 제공하여 물건과 상품이 아무런 허가 또는 방해 없이 몽골 제국으로 유입되도록 칙령을 내렸다. 정착민들과 고립되어 생활하는 유목민인 몽골인이 옷, 재료, 상품이 절실히 필요하다는 것을 알고 좋은 가격에 얻을 수 있다는

---

36 스기야마 마사아키(Sugiyama Masaaki), 몽골제국의 흥망성쇠 (Монголын эзэнт гүрний мандал буурал), 체렌도르지(Ц. Цэрэндорж), 울란바토르, 2015, 69면.

것을 알게 된, 첫 번째 무슬림 상인들은 먼 곳에서 몽골 제국으로 여행을 시작했다. 그들은 큰 양의 양단, 면직물 및 기타 다양한 상품을 가져왔다. 그들은 또한 칭기스 칸의 예방을 요청하였다.

그들이 귀환하는 길에 칭기스 칸은 그들을 통해 화레즘(Khwaresm)[37]의 샤에게 서한을 보냈다. "당신의 상인들이 이곳에 왔다. 당신의 땅에서 귀중하고 진귀한 상품을 가져오기 위해 그들과 함께 한 무리의 상인을 파견했다는 사실을 당신에게 알리고 싶다. 당신 가문의 영광과 당신의 천상 순결을 축하한다. 전 세계 많은 국가는 당신이 광대한 영토와 무한한 권한을 가지고 있다는 것을 잘 알고 있다. 당신은 나에게 소중한 인간이며 모든 무슬림도 마찬가지다. 만국이 항복하고 우리 두 나라가 이웃이 된 것은 반박할 수 없는 일이니, 우리는 함께 우호의 길을 닦고 어느 한 나라에 불행이 닥치면, 서로 돕는 손길을 내밀어야 한다. 세상을 번영하고 번창하게 만드는 일차적인 책임을 지고 있는 상인들을 위해 도로를 안전하게 보호하여 그들이 두려움 없이, 왔다 갔다 할 수 있도록 하시오. 이를 위해서는 이해와 선의가 필요하다. 우리가 그러한 이해에 도달하는 데 성공한다면, 우리가 두려워하거나 부끄러워할 이유가 없을 것이며 뇌물과 부패, 갈등과 불일치에 대한

---

37 화레즘 왕조는 현재의 아제르바이잔, 투르크메니스탄, 카자흐스탄, 키르기스스탄, 아프가니스탄, 그리고 이란 일부 지역에 존재했다.

구실이나 원인이 제거될 것이다."[38]라고 보냈다.

칭기스 칸은 그의 왕비, 아들, 귀족들, 그들의 전사들에게 금과 은을 주고 외국 상인들과 함께 보내어 희귀하고 귀중한 물건과 상품을 가져오라고 명령했다. 몽골의 비밀 역사[39]에 기록된 바와 같이, 100명의 칭기스 칸 사절이[40] 금과 은을 실은 낙타와 함께 파견되었다. 그러나 도중에 칭기스 칸의 특사들과 상인들은 약탈당하고 학살당했다. 화레즘의 샤(Shah)가 관여하지 않았다고 확신한 칭기스 칸은 세 명의 대사로 구성된 두 번째 그룹을 샤를 직접 만나도록 보냈지만, 샤는 사절을 참수하여 칭기스 칸에게 돌려보냈다. 이 소식을 들은 칭기스 칸은 괴로워했다. 그는 혼자 부르칸 칼둔 정상에 올라 허리띠를 목뒤에 걸고, 모자를 드러내고 머리를 땅에 대고 3일 밤낮으로 기도를 다음과 같이 드렸다. "오, 타직과 투르크 민족의 창시자인 위대한 텡게리여, 나는 이 문제의 장본인이 아니다."[41] 그 당시 인구가 약 2천만 명에 불과한 화레즘은 몽골보다 훨씬 발전된 지역이었다.

칭기스 칸은 자국민을 보호하기 위해 보복하는 것 외에 다른 선택의 여지가 없었다. 칭기스 칸은 같은 규모의 무력을 사

---

38 라시드 알딘(Rashid al-Din), 자미 알-타와리크(*Jami al-Tawarikh*) '연대기 개요(*Compendium of Chronicles*)', 영어를 몽골어로 번역, 아킴(G. Akim)의 서문 및 논평, 두 번째 출판, 2013, 356면 ('라시드 알딘, 연대기 개요'라고 약칭).

39 몽골비사(Монголын нууц товчоо), para. 254.

40 몇몇 출처, 예를 들면, 주베이니 세계정복자의 역사, K. d'Ohsson's 세계정복자의 역사, 450명의 사절이 있었다고 언급.

41 라시드 알딘, 연대기 개요, 앞의 책, 357면.

용할 능력이 없는 국가는 폭력을 종식시킬 수 없다는 것을 깨달았다. 이 문제에 제국의 미래 존재가 달려 있기에 위대한 몽골 제국이 같은 방식으로 대응해야 한다는 것은 정당한 것이었다. 그러므로 화레즘 당국은 칭기스 칸 자신이 취한 단호하고 대담한 행동을 혐오했으며 칭기스 칸과 몽골에 대해 상상할 수 없을 정도로 경멸적인 거짓말을 만들어 퍼뜨렸다.

3. 무슬림들과 소문들

이슬람 소식통은 몽골인을 갑자기 어디선가 찾아와 세계를 파괴하는 회오리바람으로 묘사했으며, 그 여파로 피의 여물통과 파괴의 소용돌이를 남겼다.[42] "무슬림은 몽골인을 가장 미워했고 그들의 마음과 생각은 항상 그들을 반대했다.[43]"라고 저명한 러시아 레프 구밀료프(Lev Gumilyov)[44]가 책에서 썼다. 무슬림 세계가 몽골에 대해 왜 그렇게 원한을 품고 있는지 앞서 언급했다.

저명한 아랍 역사가 이븐 알-아티르(Iban al-Athir, 1234)는 "그러므로 나는 이것이 일반적으로 모든 사람, 특히 무슬

---

42 Michal Biran, 칭기스 칸, 하나의 세계, 2007, 몽골어로 번역한 뭉흐토야(B. Mönkhtuya), 울란바토르, 2017, 74~75면.

43 Lev Gumilyov, 상상의 왕국을 찾고 있다: 프레스터 존 왕국의 전설, 몽골어 번역, 부렌자르갈(Burenjargal), 울란바토르, 2014, 509면.

44 Gumilyov는 저명한 소련-러시아 역사가, 민족 학자, 인류 학자 및 페르시아어 번역가였다. 그는 고대 투르크와 몽골 부족의 역사에 관한 많은 작품을 저술했다. 그는 인종 발생과 유라시아주의에 대한 매우 비정통적인 이론으로 명성을 얻었다.

림에게 닥친 가장 큰 재앙과 가장 끔찍한 재난(낮과 밤이 무죄인 것과 같은)에 대한 설명을 포함한다고 말한다."[45]라고 기술하였다. 페르시아 역사가 아터 말릭 유바이니(Ata Malik Juvaini)는 약 1252년경 기록된 모든 살인과 학살을 단순한 말로 표현하는 것이 불가능하다고 썼다. 유바이니에 따르면, "그 위대한 사이이드[sayyid는 무함마드의 딸 파티마(Fatimah)와 그의 사위 알리 이븐 아비 탈리브(Ali ibn Abi Talib)]의 아들인 그의 손자 하산 이븐 알리 (Hasan ibn Ali)와 후사인 이븐 알리(Husayn ibn Ali)를 통해 이슬람 예언자 무함마드(Muhammad)의 후손으로 받아들여진 사람들을 나타내는 경칭]는 몇몇 다른 사람들과 함께 성 안에서 죽임을 당한 사람들의 수를 세는 데 밤낮으로 십삼일을 보냈다. 마을과 사막의 구멍과 빈 부분에서 살해당한 사람들을 제외하고 눈에 보이는 사람들만 고려하면, 130만 명이 넘는 수에 도달했다."[46]

이슬람 문헌을 철저히 연구하고 난 다음, 논문을 저술한 일본 학자 스기야마 마사아키는 다음과 같이 기술하였다. "이 기간에 몽골 군인들은 그 지역 사람들에 대한 대량 학살 행위를 수행했다고 한다. 이것은 수백만에 달하는 살인과 학살이 모든 곳에서 이루어졌다는 이슬람 역사 자료의 서면 기록과

---

45 Edward G. Browne, 페르시아의 문학사, Cambridge: Cambridge University Press, 1902, Vol. II, 427~431면, John Andrew Boyle, 몽골 세계 제국, 울란바토르, 2015, 9면.
46 Edward G.Browne, 페르시아의 문학사, 앞의 책, 427~431면, John Andrew Boyle, 몽골 세계 제국, 앞의 책, 2015, 9면.

관련이 있다. 이 출처는 당연하게 여겨졌고, 몽골인들은 "살인자이자 살인자", "문화와 문명의 파괴자"로 묘사되었다. 그러나 실제로 화레즘(Khwarezm)의 인구는 확인된 것만큼 많지 않았다. 이슬람 역사 저술의 양적 표현은 우리가 잘 알고 있는 일반적인 수학적 이해보다 한두 개의 수치에 불과하다. 많은 것이 만들어졌다.[47] 이것은 무의식적으로 누군가를 생각하게 만든다.

4. 공포에 휩싸인 유럽

저명한 학자 레프 구밀료프(Lev Gumilyov)는 "왜 서유럽인들이 숙적 무슬림의 눈을 통해 '몽골인'을 보았던 이유는 절대적으로 불분명하였다. 규릭(Gueyeuk) 칸이 죽은 후에 몽골인들은 독일인, 이탈리아인, 프랑스인을 해치려는 의도가 가장 적었다. 그런데도 서유럽인들은 다른 어떤 민족보다 몽골인을 혐오했다."[48]라고 주장하였다. 교황 이노센트(Innocent) 4세의 특사 조반니 다 피안 데이 카르피니(Giovanni de Pian de Carpini)는 프란체스코 수도사(폴란드의 베네딕트)와 함께 1245년 4월 6일 리옹을 떠나서 1246년 7월 22일 몽골의 수도 카라코룸(Kharkorum)에 도착했다. 그들은 구육 (Guyuk)

---

47 Sugiyama Masaaki, 몽골제국의 흥망성쇠, 체렌도르즈(Ts. Tserendorj), 일본어를 몽골어로 번역, 울란바토르, 2015, 45면.
48 Lev Gumilyov, 상상의 왕국을 찾아서: 프레스터 존 왕국의 전설, 오. 부렌자르갈(O. Burenjargal) 몽골어 번역, 울란바토르, 2014, 510면.

의 즉위식에 참석하고, 4개월 이상 새 칸을 호위했으며, 정부 수장 칭가이(Chingai)를 만나고, 많은 흥미로운 것들을 보고 배운 후에 몽골 통치자를 떠나 그들의 나라로 돌아갔다.[49] 라틴어로 된 Historia Mongolorum[50] 또는 '몽골의 역사'라는 제목의 여행 기록에서 카리피니((John Plano Carpini)는 몽골인이 '야만적이고 원시적', '파괴자', '도살자와 살인자'라는 점을 의도적으로 과장하려고 했다. 카리피니는 그의 여행 기록에서 몽골인이 약속은 하지만, 결코 그것을 지키지 않으며, 교활하고 보복적이며 모든 귀족과 왕자, 귀족, 군사 지도자 및 명성을 가진 사람들을 지구상에서 없애고 싶어 하고, 이 목표를 달성하기 위해 온갖 수단을 동원하는 데 그치지 않을 것이라고 기술하였다. 사람들을 불구로 만드는 그들의 노예 제도는 이전에는 볼 수 없었던 완전히 가혹하고 참을 수 없는 것이다. 만약, 기독교계가 감히 굴복하지 않는다면, 대왕은 앞서 설명한 것처럼 어떤 대가를 치르더라도 그들에게 굴복하지 않을 것이다. 몽골인들은 더럽고 불쾌하므로 기독교인들에게 지배당하는 것을 굴욕으로 여긴다. 한편으로 그들은 불교에 관해 관심이 거의 없고 남의 감정을 사랑하지 않으며, 상상할 수 없는 형태의 육체적 고문, (……) 그리고 마지막으로, 그들의 수는 적다.[51] 카리피니는 그의 여행 기록에서 그들(몽골인)

---

49 스기야마 마사아키, 본서, 앞의 책, 96~97면.
50 John of Piano Carpini, *Mongolorum* 역사, 울란바토르, 1988.
51 William of Rubruck의 세계 동부 여행, 1253~55, 자신이 나레이션한 대로…, 투무르쿨레(Usud Toitogiin Tomorkhuleg)가 프랑

에 맞설 수 있는 국가가 없다고 썼다. 카르피니는 기독교인들이 그들 자신과 그들의 나라와 기독교계를 구하고 싶다면, 모든 영주, 왕자, 남작 및 모든 국가가 단결해야 하며, 몽골족이 전 세계로 퍼지기 전에 군대를 파견하여 진압해야 한다고 호소했다.[52] 그 당시 계정은 한 손에서 다른 손으로 전달되었고, 곧 유럽의 많은 국가로 퍼졌다. 카피니가 몽골의 '위협'을 부풀리는 데 중요한 역할을 했다.

영국의 연대기 작가 매튜 파리(Matthew Paris 1200~1259)[53]는 "메뚜기 떼처럼 땅 위를 뒤덮고 있는 그들(몽골인: The Mongols)은 유럽의 동부 지역에 불과 대학살로 쓰레기를 버림으로써 끔찍한 황폐화를 가져왔다. 사라센의 땅을 통과한 후. 그들은 도시를 파괴하고, 숲을 베어내고, 요새를 무너뜨리고, 덩굴을 뽑고, 정원을 파괴하고, 마을 사람과 농부를 죽였다. …… 피를 마시고 개와 사람의 살을 찢고 먹으며……;"[54]라고 기술하였다. 비잔틴 천문학자, 역사가, 신학자인 그레고라스(Nicephorus Gregoras, c. 1295~1360?)는 마을과 정착지, 그리고 그 주민들이 강력한 스키타이인들의 막을 수 없는

스어를 몽골어로 번역, 울란바토르, 2000, 33면 ('Rudbruck 본서' 라고 약칭).

52 Rudbruck 본서, 앞의 책, 52면.

53 Matthew Price, 13세기 영국의 베네딕트회 수도사이자 연대기 작가로, 그는 *Chronica Majora*라는 연대기에서 몽골 캠페인에 대해 기술했다.

54 William Woodville Rockhill이 그의 저서 *The Journey of William of Rubruck to the Eastern Parts of the World*, London, 1900, p.xv에서 인용.

습격을 두려워한다고 썼다.[55] 침범하는 침략자들이 도중에 만나는 모든 것을 파괴하고 가공했기 때문이다. 그리고 그는 스키타이인들에 저항할 수 없다는 것을 당연하게 여겼다고 기록했다.[56] 유르첸토(Yurchencko)에 따르면, 비잔틴 역사가들이 묘사한 몽골의 전쟁과 침략은 "본질적으로 세계화되었다."[57] 그러나 비잔틴 역사가들이 설명하는 몽골의 전쟁과 침략이 이슬람 자료에서 발견되는 것과 크게 다르지 않다는 것을 보는 것은 어렵지 않다.

한편, 몽골인들은 침략의 의도가 없었다는 점은 1248년 12월 20일 프랑스 루이 9세 왕이 몽골 총독 일치기기다이(Iltchigidai)가 파견한 두 명의 몽골 대사에게 감사를 표한 사실에서 증명된다. 페르시아어로 쓴 일치기기다이의 편지는 루이 9세에게 헌사 되었다. 편지에는 몽골인의 의도가 '기독교의 선'과 기독교 영주의 군대 강화를 위한 것이라고 설명되어 있다. 이 편지는 하나님께서 기독교 군대에게 승리를 허락하셔서 "십자가를 멸시하는 자들인 적들에게 승리를 거둘 수 있도록" 하시기를 바라는 마음을 표현하고 있다.[58] 그 편지는

---

55 비잔틴의 과학 문화를 고수하는 Nicephorus Gregoras는 몽골인을 스키타이인이라고 불렀다. 이 문화에 따르면 북쪽에서 온 유목민은 항상 Scythians-See였다. A. G. Yurchenko, 몽골 제국의 엘리트: 축하의 시간과 처형의 시간, D. Molor와 CH. Baasanjargal이 러시아어를 몽골어로 번역, 울란바토르, 2016, 65면.

56 A. G. Yurchenko, 몽골 제국의 엘리트, 몽골어 번역, 울란바토르, 2016, 67면.

57 위의 책, 65면.

그리스도인들 사이의 우호를 촉구하면서 그들 내부의 분열이 종식될 것이라는 희망을 표현했다. 이 기간에 다수의 작은 유럽 왕국이 분열되어 서로 적대적 관계를 형성하였다. 프랑스 왕에게 보낸 편지의 내용으로 볼 때, 몽골인들은 유럽 왕국들에 대해 전쟁과 침략을 할 의도가 전혀 없었지만, 반대로 몽골인들은 그들 사이의 통합과 조화를 추구하고 있었다는 것은 절대적으로 분명하다.

또 다른 소식통인 몽케 칸(Mongke Khan)이 프랑스 왕 루이 9세에게 보낸 편지는 "신은 지상에서 몽골인에게 권력을 주었고, 따라서 그들은 신성한 명령을 누린다. 신만이 하늘에서 통치하고, 칭기스 칸과 그의 후계자들은 지상의 유일한 주인이다."[59]라고 말하고 있다. "이것은 귀가 들을 수 있고 말발굽이 닿을 수 있는 머나먼 땅에 사는 모알(Moal), 나이만(Naiman), 메르겟(Merged) 또는 이슬람교도를 막론하고 하늘의 아들 명령에 따라, 모든 사람에게 보내는 메시지이다. 대몽골 제국의 몽케 칸은 영원한 천국의 힘으로 프랑스 왕 루이와 다른 귀족, 성직자, 프랑스의 다른 주민들이 우리의 말에 감사하도록 포고했다. 이것은 영원한 하늘의 칙령이다." 그리고 그들이 복종한다면, 그들은 우의를 발전시킬 것인지 전쟁을 선포할 것인지를 결정하기 위해 몽골에 사절을 파견해야 한다고 언급한다. 편지는 계속해서 이것이 일출부터 일몰까

---

58   Rudbruck 본서, 앞의 책, 38면.
59   대칸이 하늘의 아들이라는 개념은 유교의 개념적 원리이다.

지 전 세계에 행복, 평화, 평온을 가져올 것이며 몽골인의 행위가 모두에게 보일 것이라고 말했다.

천상의 칙령을 듣고도 난공불락의 산과 깊고 넓은 바다가 있는 멀리 떨어진 나라들이 전쟁을 일으키려 한다는 믿음으로 거절당하더라도 몽골인들은 자신들이 누구인지 증명하기 위해 어떤 노력도 할 수 있음을 경고하고, 영원한 천국이 경직을 부드럽게 하고 거리가 가까워[60]질 것임을 증명할 것이라고 편지는 경고했다. 편지의 내용으로 판단하면 몽골인들이 진정으로 평화, 기쁨, 우의를 원했음이 분명해진다.

5. 침묵 세월

몽골 국가와 정부는 국가가 소련의 직접적인 영향을 받았을 때, 국가의 이데올로기로 마르크스-레닌주의를 채택했다. 러시아에서 반몽골적 개념이 확립되고 결과적으로 몽골인들이 더 이상 칭기스 칸을 자랑할 수 없게 되었을 때, 이 점에서 영향력 있는 역할은 당시 몽골이 당한 억압으로 수행되었는데, 칼 마르크스는 다음과 같이 기술했다. "타타르 멍에는 1237년부터 1462년까지 200년 이상 지속되었다. 멍에는 짓밟을 뿐만 아니라, 그 먹잇감이 된 백성의 영혼을 욕되게 하고 메마르게 한다. 몽골 타타르족은 조직적 테러, 황폐화, 대규모 학살을 형성하는 제도인 규칙을 세웠다. 그들의 막대한 정복에

---

60   William Woodville Rockhill이 그의 저서 William of Rubruck의
      세계 동부 여행, 런던, 1900, 125~126면 인용..

비하면, 그들의 숫자는 빈약했기 때문에 그들은 경악의 후광으로 그들을 확대하길 원했고, 대규모 학살을 통해 그들의 후방에서 증가할 수 있는 인구를 줄이기를 원했다. 게다가 그들은 사막을 창조하면서, 스코틀랜드 고원지대와 로마 캄파냐(Campagna di Roma)의 인구를 줄인 것과 같은 경제 원칙, 즉 사람을 양으로, 비옥한 땅과 인구가 많은 거주지를 목초지로 전환한 것과 같은 경제 원칙에 따라 움직였다."[61]

1944년[62] 볼셰비키 전연방공산당이 채택한 결의안은 금장칸국(Golden Horde: 몽골 제국의 서부 지역인 킵차크 칸국을 러시아어에서 부르던 명칭) 제국을 피점령국의 약탈자로 묘사했으며, 폭력을 대가로 존재했으며 아시아 민족의 진보적 발전이 무력화되었다고 주장했다. 당시 몽골 지도자들은 더 이상 고민하지 않고, 이 결의안의 결론을 이행하기 시작했다. 1949년 몽골인민혁명당(Mongolian People's Revolutionary Party: MPRP) 정치국이 채택한 결의안은 발행된 '인민의 서'라는 책의 봉건제 부문에서 칭기스 칸의 약탈에 대한 계급형 마르크스주의적 결론을 제공하는 데 그치지 않았으며, 문교부는 이 책에 칭기스 칸을 미화하는 요소가 포함되어 있다고 지적하기까지 했으며, 이에 따라 모든 당 조직에게 민족주의의 미미한 표출에 대해서도 단호한 투쟁을 가장 중요한 목표

---

61 칼 마르크스(K. Marx), 18세기 비밀 외교사, 런던: Swan Sonnenschein, 1899, 78면.
62 중앙위원회의 의회, 회의 및 본회의의 결의 및 결정에서 CPSU, 모스크바, 1985. 513~520면.

로 삼아야 한다고 지시했다.[63]

1962년 최고위급에서 몽골의 당과 정부 지도자들은 칭기스 칸의 탄생 800주년을 축하하기로 했지만, 이 결정은 당시 소련 지도부의 저항에 부딪혔고 결과적으로 많은 수의 사람이 희생되었다.

6. 적들이 남긴 역사의 흔적을 따라

칭기스 칸이 정복자이자 전쟁광이라는 개념은 당시 몽골인민공화국(MPR)의 공식적인 입장이 되었다. 예를 들면, 같은 해 몽골인민혁명당(MPRP) 정치국이 채택한 "학교에서 MPR의 역사와 문학을 가르치는 상황"이라는 제목의 결의안은 칭기스 칸이 다른 국가를 잔인하게 말살한 것이 아니라 몽골을 멸망시켰다. 이것이 모든 수준의 전국 학교에서 칭기스 칸이 묘사된 방식이다.

1996년에 출판된 'MPR의 역사'라는 책은 다음과 같이 기술했다. "칭기스 칸과 그의 자손이 거의 1세기 동안 수행한 약탈 전쟁은 몽골의 정상적인 발전을 심각하게 방해했고, 그 힘과 활력을 약화하고 수많은 젊은이를 잃었고 인구가 조국과 단절되어 생산력의 성장을 심각하게 저해하고 경제와 문화의 발전을 저해하며 독립의 위력을 잠식했다."[64]

---

63   몽골인민혁명당 결의안, 결정 및 문서, 1948~1959, Vol IV, 울란바토르, 1989, 75~76면.

64   MPR의 역사, Vol I, 울란바토르, 1996, 241면.

오늘날에도 몽골 역사가들은 칭기스 칸이 정복자이자 침략자였다고 계속해서 주장하고 있다.[65] 첫 번째 역사가는 '몽골의 정복'은 중세의 군사 및 전쟁 규범에 따라 발생했으며, 외국 국민에게 큰 손해를 입혔기 때문에 심각한 단점이 있다고 썼다.[66] 다음 역사가는 칭기스 칸에 대해 다음과 같이 썼다: "그는 내륙과 중앙아시아의 광활한 지역에 거주하는 유목민 몽골과 투르크 부족 전체 유목민(펠트 드웰러)을 통합하고 유목민 제국을 세웠으며, 많은 국가 및 민족과 폭넓은 관계를 발전시켰다. 결국, 그는 기존의 성격에 맞는 전례 없는 확장주의를 펼칠 수밖에 없었을 것이다."[67] 세 번째 역사가는 "몽골의 정책이 정복과 침략이다."라는[68] 데는 논쟁의 여지가 없다. 그가 쓴 "몽골 국가와 법률의 역사"(기원전 209년~서기 13세기)라는 제목의 책에서 "많은 유라시아 국가 중국, 러시아, 이란, 터키, 불가리아, 아르메니아, 아제르바이잔, 투르키스탄, 그루지아, 카자흐스탄 등은 칭기스 칸이 전쟁을 벌이던 동서양 국가들의 영토에 위치하고 있었다. 여러 나라가 점령당했고 많은 도시와 정착지, 사원과 수도원이 손해를 입었고 수백, 수천 명의 사람들이 목숨을 잃었다. ……칭기스 칸의 영도 하

---

65   나는 이 학자들이 내가 존경하고 사랑하는 사람들이며 몽골 역사 연구에 상당한 공헌을 한 사람들이라는 점을 특히 강조하고 싶다.

66   N. Ishjamts, 칭기스 칸… 제국 도서관…, 울란바토르, 1999, 178면.

67   Sh. Bira, 몽골 텡게리즘, 울란바토르, 2011, 22~23면.

68   Ch. Dalai, 칭기스 칸의 역할, 대몽골 제국의 창시자 – 칭기스 칸과 그의 후계자들…, 세계 제국, Udo B. Barkmann, S. Tserenpil 및 P. Erdenesukh가 독일어를 몽골어로 번역, 14면.

에 동양과 서양 국가에서 행해진 전쟁은 규모와 범위 면에서 큰 전쟁이었다."[69] 몽골 군사 학자들은 "처음부터 칭기스 칸은 전쟁의 주도권을 잡았고 항상 그의 승리의 전조가 된 지속적이고 적극적인 군사 작전을 수행했다."라고 썼다.[70] 중국 내 몽골 출신의 저명한 칭기스 칸 학자인 사이샬(Saishaal)은 '칭기스 칸 역사(*History of Chinggis Khan*)'라는 저명한 저서에서 "모든 몽골인을 통합한 후, 장기간 전쟁과 군사 작전에서의 부상과 상처를 치료하는 데 초점을 맞추는 대신, 조국과 인민의 평화적 발전을 위하여 광범한 외국의 군사행동이 증대되었다."라고 썼다.[71] 이런 식으로 몽골 역사가들은 적들이 쓴 역사를 맹목적으로 추종하며 오늘날까지도 재현하고 있다.

7. 더 이상 흑색 칠 않기

21세기에도 일부 외국 작가들은 계속해서 칭기스 칸의 이름을 모독하고 있다. 그 가운데 단지 세 권의 책에서 예를 들어 보겠다. 영국의 역사가 존 맨(John Man)은 '칭기스 칸(*Genghis Khan-Life, Death and Resurrection*)'이라는 책에서 다음

69　L. Dashnyam, 몽골 국가와 법률의 역사 (기원전 209년~서기 13세기)…, Vol, One, 편집: J. Amarsanaa (학자), J. Boldbaatar (학자) O. Amarkhuu (박사), Ts. Sarantuya (박사) 또한 B. Bayarsaikhan (박사), 울란바토르, 2005, 520~521면.

70　J. Bazarsuren, Kh. Shagdar, 칭기스 칸의 전 세계 군사 전쟁 예술 발전에 대한 공헌 – 칭기스 칸 세계화, 국제 연구 회의, 논문 모음, 울란바토르, 2015, 68면.

71　사이샤알(Saishaal), 칭기스 칸의 역사, 2010, 824권.

과 같이 썼다. 말살과 폭력을 포함한 국가별 집단학살은 과거에도 "만행이 자행되고 있었음에도 칭기스 칸과 그의 후계자들의 행동은 아무 데도 가지 않을 것이다."[72] 그러나 문제의 사실은 칭기스 칸과 그의 후계자들이 몽골 제국의 영토에 있던 그들의 조국에서 어떤 민족이나 국가를 몰아내는 행동에 의지한 적이 없다는 것이다. 그들은 차별, 적대, 모욕 정책을 시행하지도 않았고, 제국 영토에 사는 토착민의 생활 방식을 다른 나라에 강요하지도 않았다. 또한, 다른 민족이나 국가의 생활 방식, 신앙, 관습, 문화, 전통을 파괴하거나 임의로 침해하지 않았다.

미국 학자 잭 웨더포드(Jack Weatherford)는 그의 책 "*Genghis Khan and the Making of the Modern World*"에서 "칭기스 칸은 학살자라기보다 도시 파괴자로 묘사하는 것이 더 정확할 것이다. 왜냐하면, 그는 종종 복수나 공포를 불러일으키기 위한 것 외에도 전략적 이유로 도시 전체를 파괴했기 때문이다."[73]라고 썼다. 최근 서양에서 영어로 출판된 '칭기스 칸'이라는 책은 "몽골인들이 사람과 문화재를 무자비하게 파괴하고 있었다."[74]고 주장한다.

칭기스 칸 연구는 20세기 초 독일에서 히틀러가 권력을 잡

---

72 John Man, 칭기스 칸, 삶과 죽음 그리고 부활, Bantam Press, 2004, 175~177면.
73 Jack Weatherford, *Genghis Khan and the making of the Modern World*, New York, 2003, 118면.
74 Michal Biran, *Chinggis Khan* (*Makers of the Muslim World*), One world Publications, 2007, 100면.

은 후, 칭기스 칸에 관한 연구를 수행하기 위해 학자와 연구원을 동원하면서 급속도로 발전했다. 독일 학자 우도 바르크만(Udo Barkmann)은 "칭기스 칸 연구와 대몽골제국의 역사 연구는 서양에서 크게 발전했다. 그 덕분에 칭기스 칸에 대한 우리의 이해와 관념이 완전히 바뀌었다. 우리는 칭기스 칸을 '잔인하고 야만적'이며 '고문하는 자'로 낙인찍는 것을 중단했다. 우리는 그의 독창성, 그의 의지, 하늘의 명령- **텡게리**[75]에 대해 더 많이 배우려고 시도하고 있다."[76]

약 2,500년 전에 아리스토텔레스는 "사회적 본능은 선천적으로 모든 사람에게 심겨 있다. …… 그리고 그는 태어날 때, 지성과 미덕에 의해 사용되는 무기를 갖추고 있다."[77]고 썼다. 칭기스 칸을 필두로 그 수가 적을 뿐만 아니라, 살상 무기도 가지지 못한 대초원의 유목민들은 그 어떤 전쟁 무기나 장비를 갖춘 거대한 군대보다 도덕이 훨씬 우월함을 전 세계에 증명했다.

---

75 Бошиг는 몽골어로 칙령, 허가, 진술, 가르침, 교리를 의미한다.
76 Udo Barkmann, 몽골 역사와 정치 문제에 관한 기사, 울란바토르, 2019, 229면.
77 Aristotle, 정치학, B. Dash-Yondon의 몽골어로 번역, 울란바토르, 2006, 6면.

제**3**장

몽골은 세계에 평화를 가져왔다.

1. 몽골인들의 민족적 단결

민족통합의 힘은 인구가 적은 몽골인들에게 가장 중요한 가치와 원천이 되었다. 이번에 칭기스 칸은 서로 적대적이고 끊임없이 전쟁을 벌이는 케리드(Khereid), 메르겟(Merged), 타타르(Tatar), 오이라드(Oirad), 나이만(Naiman) 등의 31개 유목민[78] 부족을 통합함으로써 몽골인들의 강력한 화합의 연합을 만들 운명이었다. 그리고 다시 한번 대몽골(12세기 몽골 부족 연맹)을 설립하여 몽골 제국을 다시 통합할 목적이었다.[79] 또한, 23개 유목 몽골 부족[80]의 신하들과 함께 칭기스 칸과 연합했다. 이로 미루어 볼 때, 재창립된 대몽골 국가는 모두 자발적으로 통일되는 것이다. 이렇게 해서 대몽골 국가가 세워졌고, 그 영토는 동쪽으로 향간의 산맥[81]까지, 서쪽으로

---

78 사이샤알, 앞의 책, 322면.
79 대몽골은 하불 칸, 암바가이, 호툴라와 같은 황금 혈통(Altan Urag) 출신의 조상들이 칭기스 칸 이전부터 존재했던 연방이었다. 호툴라 칸 돌아가신 후에 칭기스 칸의 아버지인 예수헤이 바타르가 대몽골 나라를 관리하고 있었다.
80 사이샤알, 앞의 책, 157면.
81 중국 북쪽에 위치한 산악 지역이다.

알타이산맥 너머 이르티시강[82]까지, 북쪽 바이칼 호수와 남쪽으로 시베리아까지 뻗어 있었다.

조상의 위대한 대의를 기리고 몽골 국가를 재건한 칭기스 칸은 몽골인들이 화합하고 평화롭게 사는 모습을 보고 싶었고, 오랜 세월 원한을 품어온 잔혹한 외국의 적대자 그리고 내부의 적들로부터 조국을 지키는 것이 그의 진정한 소망이었다. 당시, 인구가 약 60~70만[83] 명에 불과했고, 군대가 13만~14만[84] 명에 지나지 않았던 몽골의 지도자 칭기스 칸이 칼을 뽑아 세계를 정복하는 계획을 세웠다는 것은 정말 믿기도 어렵다. 그리고 더 많은 장벽이 있는 광대한 평원이 칭기스 칸을 침략자로 만들었다는 몽테스키외의 이론은 현실과 거리가 먼 것이다.

2. 국내 적들의 악의적인 의도

칭기스 칸에 대한 원한을 품은 국내 적대 세력은 대몽골 국가와 인접한 고대 '적대' 국가로 탈출했고, 이들 국가의 후원을 받고, 힘을 합쳐서 대몽골 국가를 공격하는 파괴적인 정책을

---

82 이르티시 강은 러시아 시베리아 북부를 흐르는 오비 강의 지류이다.

83 N .S. Trubetzkoy, 칭기스 칸의 유산과 러시아 정체성에 대한 다른 에세이, 미시간 슬라브 출판사, 1991, 척트사이칸, 러시아어에서 몽골어로 번역, 울란바토르, 2015, 69면 (이후 다음 개요를 사용한다: N. S. Trubetzkoy, 앞의 책); Michal Biran, 칭기스 칸 (무슬림 세계의 제작자), One world Publications, 2007, 뭉크토야, 몽골어로 번역, 울란바토르, 2015, 99면.

84 Lev Gumilyov, 앞의 책, 235면.

시행했다.

칭기스 칸이 국내 적대 세력에 단호하게 맞서 싸우지 않았다면, 통합된 몽골 국가는 다시 한번 해체되었을 것이다. 케레이(Khereid) 왕조의 지도자 왕 칸(Wang Khan)의[85] 아들 셍굼(Senggüm)[86]은 소수의 추종자들과 함께 탕구트(Tangut)[87]

---

85 12세기와 13세기에는 몽골족 중에서 케레족이 가장 강력했다. 케리드 왕의 할아버지 마르쿠스 부이룩 칸은 타타르족 지도자 누어 부이락에게 붙잡혀 금나라 황제에게 넘겨졌는데, 그가 나무 수레에 못박힌 후 살해되었다고 전해진다. 마르쿠스 부이루크의 미망인은 남편의 죽음에 대한 복수를 위해 타타르족 지도자에게 충성하는 척하며 그에게 양 열 마리, 암말 열 마리, 그리고 암말젖 백 자루를 바쳤다. 가죽 가방마다 무장한 군인이 숨겨져 있었고, 축하 행사가 시작되자 군인들이 가방 밖으로 나와 타타르 지도자를 살해했다. 마르쿠스 부이루크는 쿠르차쿠스 부이루크와 귀르 칸이라는 두 아들을 두었다. 쿠르차쿠스 부이루크는 케리드 칸이 되었다. 그가 죽은 후, 그의 6명의 아들 중 한 명이 그의 형제 두 명을 죽인 후에 케레이드 칸이 되기 위해 권력을 잡았다고 전해진다. 그의 숙부 귀르 칸은 도망쳐 이웃한 나이만 칸 밑으로 피신했다. 나이만 칸의 군사적 지원으로, 귀르 칸은 투릴 칸을 물리쳤고, 투릴 칸은 남은 병사들과 함께 칭기스 칸의 아버지인 예스헤이 바타르에게 도움을 청했다. 그의 군대를 직접 동원한 예스헤이 바타르는 탕구트족의 땅으로 쫓겨간 귀르 칸을 뒤쫓아 갔고, 이에 따라 귀르 칸의 신하들을 예스헤이 바타르와 영원한 우정을 맹세한 왕 칸에게 돌려주는 것이 가능해졌다. 테무진은 아내 뵈르테가 경쟁적인 병합 부족들에게 납치되었을 때, 왕 칸에게 도움을 청했고, 평생 아버지처럼 지내며 그의 보호자가 되겠다고 맹세했고, 왕 칸이 고통을 겪을 때마다 테무진은 그를 지지하고 도왔다. 그러나 그는 테무진을 여러 번 배신했고, 그들은 결국 미움받는 적이 되기 위해 고통을 주기도 했다.

86 왕 칸은 아들인 셍굼은 사람들과 결탁하여 테무진을 죽이려고 여러번 시도하였다.

87 탕곳 왕조는 황하의 서쪽, 대몽골 고비 사막의 남쪽에 위치하고 있었다. 오늘날 중화인민공화국의 알사 사막, 에친골강 계곡, 칭하이성의 고누르 평원 북쪽의 산악 지대에 위치한다. 북쪽으로는 몽골 제국, 남쪽으로는 티베트와 국경을 접하며 동쪽으로는

나라로 도망쳐 합하고 대몽골 국가로 돌아와 공격하기 위한 목적으로 준비를 하고 있었다. 칭기스 칸의 아버지의 오랜 적이었던 메르게드(Mergeds)[88]은 위구르(Uighurs)[89] 나라로 도망쳤다. 그들은 타양 칸[90]과 그의 아들 후출루그(Khüchlüg)와 함께 있었다. 대몽골 국가는 이러한 국내 세력이 다시 고개를 드는 것을 막은 엄청난 일이 생겼다. 칭기스 칸은 그의 지휘관들과 군인들을 동원할 필요가 있었다.

3. 킵차크인 축출

국내의 적대 세력은 킵차크인들과 힘을 합하고, 동맹 관계를 만든 후, 칭기스 칸의 군대와 무자비한 전쟁을 벌였다. 킵차크

카라-키탄 칸국과 국경을 접한다.

88 메르게드는 셀렝그 강 근처에 거주하던 몽골어 민족이었다. 테무진의 아버지 예스헤이는 우우렌을 납치하여 그녀를 그의 아내로 삼았다. 그녀의 큰 오빠는 메르게데스(유목민 부족연합: the Mergeds)의 토토가 칸이었다. 예스헤이가 죽은 후 원한을 품은 메르게데스는 300명의 병력을 보내 밤을 틈타 보르테와 결혼한 지 얼마 되지 않은 테무진을 은밀히 공격했다. 테무진은 탈출하여 부르칸 칼둔 산으로 피신했다. 테무진을 추격하여 세 번이나 산을 샅샅이 뒤졌지만, 그들은 테무진을 찾지 못했다. 메르게데스는 뵈르테를 붙잡아 예케 치레뒤에게 그의 중간 부인으로 주었다. 테무진은 왕 칸, 자무카와 함께 메르게데스와 개인적 원한을 품고 있던 토고가 칸을 밤늦게 공격하여 반년 이상 포로로 잡혀 있던 뵈르테를 되찾았다. 이것은 메르게데스의 분노를 더욱 부채질했다.

89 중앙아시아에서 탈퇴된 국가이다.

90 10세기 초부터 알타이 산맥과 칸가이 산맥 사이의 땅에 거주했고, 인구가 많았던 타양 칸과 그의 아들인 나이만족의 퀴츨뤼그는 문화적으로 진보했고, 몽골어를 구사했으며, 칭기스 칸을 위험한 적으로 간주하고 암살 음모를 꾸몄다. 그들은 합병의 자무카, 토토가와 연합했다.

인들(Kipchaks)은 유라시아에 거주하던 튀르크아계 유목민이며, 이질[91] 강을 넘어 흑해의 북쪽까지 이르는 광대한 영토를 지배했다. 그것은 킵차크인들의 초원이라고 불린다. 이것은 카스피 해, 캅카스, 흑해의 북쪽 땅을 포함하며, 서쪽으로는 도나우[92] 강의 초입까지 이어지는 북서 유라시아의 넓은 초원이다. 러시아 역사 연대기에서는 킵차크인들을 폴로프들이라고 부른다. 유럽에서, 그들은 쿠만(Kuman) 또는 커만(Cuman)이라고도 한다. 이집트에서 정치권력을 잡은 맘루크 둘[93]은 킵차크인들[94]이었다. 어떤 자료들은, 두 종류의 킵차크가 있었고, 그들 중 하나의 이름은 9세기 중반부터 나타나기 시작했고, 두 번째 것의 이름은 몽골 시대에 나타나기 시작

---

91 볼가 강은 현재 러시아 연방의 유럽 지역을 통과하며 유럽에서 가장 큰 강 가운데 하나이다.

92 다뉴브 강은 볼가강 다음으로 유럽에서 두 번째로 긴 강으로 독일에서 발원하여 오스트리아, 슬로바키아, 헝가리, 크로아티아, 세르비아, 루마니아, 불가리아, 몰도바, 우크라이나의 국경을 통과하거나 접하고 흑해로 흘러든다.

93 '재산'을 의미하는 맘루크는 노예를 가리키는 아랍식 명칭이다.

94 저명한 역사가 K. d'Ohsson은 "Kipchaks는 이전에 Hazaras가 소유했던 땅에 거의 2세기 동안 거주해 온 Turkic 유목민이었다. 흑해, 코카서스산맥, 카스피해, 다뉴브강 발원지에서 우랄강 끝까지, 서쪽에서 동쪽으로 비잔틴제국, 헝가리, 러시아, 불가리아, 캉글리와 인접해 있으며, 그리고 러시아인들은 그들을 대초원의 사람들 또는 Kipchaks라고 불렀고, 반면에 루마니아인과 헝가리인들은 그들을 Kuman(Cuman)이라고 불렀고, Kipchaks 아래의 오래된 영토의 일부는 흑해의 북쪽과 아즈 해의 동쪽으로 확장되었다. 이 지역은 오늘날에도 계속해서 코방이라고 불린다."라고 썼다. D'Ohsson Histoire des Mongols depuis Tchinguiz khan jusqu'a Timour bey ou Tamerlan, Vol. 1, Ch. Baatar, Monsudar, 2015, 219면.

했다고 한다.[95]

　칭기스 칸의 불타고 지칠 줄 모르는 기마대들은 킵차크인을, 그는 시베리아의 타이미르 반도,[96] 서시베리아의 대초원,[97] 동유럽의 광활한 초원[98]까지 끊임없이 추격했다. 칭기스 칸의 군대는 "고난을 참고, 위로에 감사한다."[99]라고 유명한 페르시아 학자인 유바이니(Juvaini)가 쓴 반면, 마르코 폴로(Marco Polo)는 "그들이 다른 사람들보다 훨씬 더 단호하고 강했으며, 그들은 그들의 칸에게 충실하고, 규율 있고 순종적이고, 필요시에는 무기를 들고 내리지 않고, 말 위에서 며칠을 보낼 수 있다고 했다. 마르코 폴로는 몽골인들이 다른 부족들에 비해 훨씬 더 버티기로 결심했다고 언급했다.[100] 마르코 폴로는 몽골 말에 관해 쓴 글에서 "몽골 군인들은 말을 위해 보리, 밀, 겨를 가지고 다닐 필요가 없다."[101]라고 언급했다.

95　Rudbruck 본서, 앞의 책, 218면.

96　타이미르 반도는 현재 러시아 연방의 예니세이강과 레나강 주변에 있다.

97　서부 시베리아의 대초원은 오늘날 러시아 연방 영토에 속하며 바라바 대초원이라고도 한다.

98　서유럽의 일부이며, 스칸디나비아 산맥, 코카서스 산맥, 카르파티아 산맥, 우랄 산맥 사이에 뻗어 있습니다. 그것은 세계에서 가장 큰 대초원 가운데 하나이다. 이 광활한 땅의 대부분은 숲으로 이루어져 있으며 중앙과 남쪽 부분은 숲이 우거진 대초원 지대이며 카스피해 주변 지역은 사막 지대이다.

99　Alā'al-Din 'Atā Malik Juvaini, *The History of the World Conqueror*, 번역: John Andrew Boyle, 1958, 29~30면.

100　로널드 래섬, 마르코 폴로. *The Travels*, Penguin, 1974, 부렝자르갈, 영어에서 몽골어로 번역, Bolor Sudar Publishing, 울란바토르, 2012, 153~154면.

101　위의 책.

외국인들은 몽골 말(horse)을 존경한다. 예를 들어, 1893년 몽골에 처음 발을 들여놓고 몽골인들 사이에서 35년을 보낸 스웨덴인 아우구스트 라르손(Frans August Larson)은 몽골 말에 대해 이렇게 썼다. "칭기스 칸 시대의 몽골인들은 그들의 말 덕분에 세계의 절반을 점령했다. …… 옛날에 전 세계의 많은 말이 몽골의 땅에 모였다. 고대 문헌에서 동양 몽골인들의 낙타 무역 캐러밴에 대해 읽어 보면, 우리는 말이 투르키스탄에서 구매되었다는 것을 알게 된다. 중국의 역사가들은 또한 말이 페르시아와 아랍에서 교역되었다."[102] 놀라운 말들과 칭기스 칸의 용감한 군대들은 아시아와 유럽이 두 개의 다른 대륙이라는 것을 알지 못했다. 타양 칸과 그의 아들 후출루그는 칭기스 칸의 최대 적인 통합의 토토가(Togtoga)와 일찍 동맹을 맺었고, 비록 이르티시강과 부트마르강[103]을 따라, 그들의 병사들을 증강했지만, 다시 전투에서 패배하고 서쪽으로 도망쳐 카라 키타[104]로 피난했다.

후출루그는 카라 키타이의 권력을 전복하고 찬탈했으며, 그들의 국민과 이슬람에 맞서 앞장서는 잔인하고 야만적인 정책을 추구했다. 칭기스 칸은 제브 장군의 지휘하에 그의 전

---

102 F. A. Larson, 몽골과 몽골인들 사이에서 보낸 세월, 챌초론(A. Tserenchuluun), 독일어에서 몽골어로 번역. 수정 번역이 있는 두 번째 출판물, 울란바토르, 2015, 134～135면.
103 부타르마 강은 러시아 연방의 알타이 지방을 흐르는 강이다.
104 카라 키타이의 영토는 고비 사막에서 아무 강(오늘날의 아무다리야 강)까지, 티베트의 산맥에서 시베리아의 산맥, 오늘날 신장과 서쪽으로 뻗어나갔다.

사들을 그곳에 평화를 구축하기 위해 파견했고, 그들은 청나라의 북쪽 땅에서 거란군에 의해 모든 필요한 지원을 제공받았다. 제브 장군 휘하의 전사들은 후출루그를 추격하여 아프가니스탄의 북서부 지역에서 그를 격파했고, 쉬베데이 장군은 추 강[105] 근처에서 토토가의 아들을 격파했다. 따라서 칭기스 칸의 통치는 후출루그가 처벌받지 않고 통치하던 영토(오늘날의 신장과 키르기스스탄 거의 전역)에서 우세했다.

러시아의 유명한 학자 레프 구밀료프는 "몽골인들은 그들의 지배하에 정착한 민족들을 침략하고 굴복시키는 데 관여하지 않았다. 그들은 단지 그들의 조국과 그들의 백성을 강력하고 무자비한 적들로부터 보호하고, 그들만의 삶을 살기를 원했을 뿐이다."[106] 그리고 "메르게드는 몽골의 적이었던 폴로브시를 옹호하고 있었다. 오논강에서 드네프르로 가는 공간과 드네프르에서 오논으로 가는 공간은 하나이며, 적들에게 국경을 개방하는 것은 비논리적이었다. 여기에 몽골군이 폴로브치족과 싸워 아버지를 카르파티아족 너머로 몰아내기 위해 러시아 깊숙이 침입한 이유가 있다."[107]라고 그의 추론을 입증했다.

---

105 치 강은 키르기스스탄과 카자흐스탄의 영토를 흐르는 강이다.
106 N.S. Trubetzkoy, 앞의 책, 69면.
107 레프 구밀료프, 앞의 책, 6면.

4. 이웃들의 복종

지도자인 왕 칸의 아들 셍굼(Sengum)과 소수의 추종자들은 탕구트(서하 또는 서하 왕조)로 도망쳐 피신했다. 그는 피난 처를 제공하였고, 그의 소규모 부대는 몽골군을 공격하기 위한 목적으로 증강되었다. 한편, 탕구트족은 금나라와 동맹을 맺었고, 다른 한편으로는 그들의 통제 하에 실크로드의 매우 중요한 부분을 차지하고 있었기 때문에 몽골인들이 이 길을 따라 어떠한 종류의 무역도 할 수 없었다. 칭기스 칸은 셍굼을 추격하기 위해 탕구트로 들어갔다. 곧이어 탕구트 족은 몽골의 지배에 굴복하고, 금나라와의 관계를 단절하고, 필요하다면 몽골군을 증원하고 낙타, 비단, 양단, 지르팔콘(Gyrfalcon: 가장 귀하고 강력한 매를 지칭함)을 많이 바치기로 합의했다.

위구르족의 지도자들은 점점 더 강력해지고 있던 대몽골 제국이 몽골군으로부터 도망치던 메르게드족을 추격할 수도 있다는 것을 염두에 두었고, 1208년 카라 거트족의 봉신 지위를 포기하고 몽골 제국에 항복함으로써 몽골의 중요한 문화적 매개체가 되었다. 곧이어 1211년 톈산(天山)의 하를루그[108]의 사람들이 있었다. 카라 키탄스의 지배 아래에 있던 그들은 몽골에 항복했다. 이러한 방식으로 당시 많은 국가와 민족들이 몽골 제국에 항복했다. 저명한 동양학자 어썬(K. d'Ohsson)[109]은 1835년 출판한 그의 책에서 많은 국가가 칭

---

108 하를루그족은 지금의 카자흐스탄 남동쪽 어딘가에 살았었다.
109 "그(K. d'Ohsson)는 처음으로 이슬람 역사 작품의 보물창고를

기스 칸에게 항복했음을 인정했다.[110] 이는 나중에 "고위의 왕자들과 관리들이 꽤 많았다"라고 결론지은 독일 학자들에 의해 다시 한번 입증되었다. 그들은 그들의 왕국들과 지방들과 함께 통치하고 있던 몽골인들에게 복종했다.[111]

5. 서로를 쫓아내는 반동적 정책에 종지부를 찍다

몽골의 남부 이웃인 금나라는 몽골 부족들을 서로 경쟁시키는 음흉한 정책을 펼쳐왔다. 당시 금나라의 인구는 약 6천만 명이었다. 서로 다른 몽골 부족들은 오랜 기간 외국인들의 압박과 협박에 시달리며 살아왔고, 끊임없이 복수를 위해 서로 싸우고 있었다. 하나의 공동체에서 다수가 정착 생활을 하지 않고 넓은 지역에 널리 퍼져 있던 유목민 몽골족이 다른 거대한 나라에 흡수되지 않도록 그들을 구원한 것은 사실이다.

금 왕조[112]는 몽골 부족들이 "이 부족들은 스스로 서로를 박멸해야 한다."라는 장기 정책에서 타타르족을 조종하여, 잔

전 세계에 대대적으로 공개했고 아랍, 페르시아, 터키 역사가와 연대기 작가들의 수많은 문서와 자료를 연구에 투입했을 뿐만 아니라 중동과 동남아시아의 과학 문화를 세계에 소개했다, 13~14세기에 평화에 도달했다."라고 저명한 러시아 학자 코즈민(N.N. Kozmin)이 썼다.

110 K. d'Ohson, 앞의 책, 247면.
111 Udo B. Barkmann, 몽골의 역사와 정치 문제에 관한 기사, 울란바토르, 2013, 112면.
112 금나라의 영토는 동쪽으로 현재의 일본해, 북쪽으로 오호츠크해와 칭안 산맥, 서쪽으로 탕구트 제국, 남쪽으로 송나라와 국경을 접했다.

인하게 고문을 당한 칭기스 칸의 조상 암바가이 칸[113]과 옥힌 바르하그[114]를 붙잡았다. 칭기스 칸의 아버지 예스헤이는 금나라의 이 정책의 희생자가 되었다. 새로 수립된 몽골 국가의 통합을 막기 위해 유목민들을 서로 경쟁시키는 금나라의 음흉한 정책에 대한 복수로 칭기스 칸을 금나라에 대항하는 군사 작전을 벌이게 했다. 이에 대해 저술한 일부 몽골 학자들은 유목민들에 대한 공격적인 행동[115]을 강조했다. 이는 "국가의 억압에 맞서 신성하고 정당한 것"으로 해석되었다.[116] 그러나 칭기스 칸이 평화적인 수단을 통해 문제를 해결하려고 시도했고, 심지어 금나라와 평화협정을 맺었다는 것을 구체적으로 언급해야 한다.

6. 몽골인과 러시아의 평화

칭기스 칸은 숲으로 뒤덮인 러시아 땅을 침략하고 점령할 생각이 전혀 없었다. 몽골인들이 킵차크족이나 메르게드의 동맹인 폴로프치(Polovtsy)를 추격하고 있을 때, 그들은 러시아인들과 우의의 정을 맺기를 원했고, 심지어 그들에게 사절을 보냈다. 그러나 몽골 사절단을 무력화시킴으로써 협정을 위

---

113 암바가이 칸은 칭기스 칸의 여섯 번째 전임자였다.
114 칭기스 칸의 증조할아버지.
115 아리운구아(N. Ariungua), 대만의 몽골 역사학, 울란바토르, 2018, 63면.
116 사이샤알의 칭기스 칸 역사에서 발췌, 울란바토르, 2010, 560면: 추 슈셴(Qui Shusen)의 원나라 역사, 29면 인용.

반한 러시아 왕자들은 평화를 해치는 폴로프치를 보호하기로 했다.[117] 당시 루스(Rus)의 인구는 약 600만 명이었다.[118] 러시아는 분열되어, 다수의 작은 공국으로 분열되었을 뿐만 아니라, 끊임없이 서로 전쟁을 벌였고 그들의 탐욕은 그들의 백성들을 전혀 고려하지 않을 정도의 단계에 이르렀다. 페르시아의 역사학자 유바이니(Juvaini)는 이러한 상황을 설명하면서, 이렇게 기술하였다. "그리고 그것은 다양한 생물들로 인해 세상이 사나운 바다가 되었고, 오만함과 자만심으로 인해 모든 나라의 왕과 귀족들이 허영심의 정점에 도달했을 때, 허영심은 나의 장식 의상이며 나의 망토를 자랑스럽게 여긴다."[119] 로스의 이러한 사태는 칭기스 칸 치하에서 공정한 통치를 확립하게 했다. 유명한 러시아 학자 레프 구밀료프는 "몽골인들이 모든 러시아인과 많은 러시아 도시와 정착지들에 대한 증오와 적대감을 느끼지 않았다."[120]라고 썼다.

역사학자들은 러시아 시대에, 다른 유럽 나라들과 마찬가지로 진보적인 인식을 하였는데 몽골 침략 다음으로 '몽골 타타르의 침략'으로 발전이 둔화하였다[121]고 본다. 약 16세기 몽

---

117 레프 구밀료프, 고대 러시아와 대초원, 알탄게렐(Ch. Alatangerel), 몽골어 번역, 울란바토르, 2017, 554면.
118 레프 구밀료프, 앞의 책, 667면.
119 알라 알딘 아타 말리크 유바이니, 세계 정복자의 역사, 존 앤드류 보일 역, 1958년, 24면.
120 레프 구밀료프, 앞의 책, 555면.
121 N. M. Karamzin, 러시아 국가의 역사, 12권, Vol. 5. St. Petersburg, 380면; M. Nauka, 아시아와 유럽의 타타르-몽골 (тtar-Mongols), 1977 참조.

골의 지배에서 벗어난 후에 모스크바의 왕자들은 "제국의 기초는 비잔틴의 영성이 아니라 칭기스 칸의 영통에 기초하였다."[122]라고 말하였다. 그러나 러시아 역사가들의 기록에 따르면, 몽골 통치 하의 루스의 도시와 정착지들은 파괴되지 않고, 오히려 계속하여 개발되고 있었다고 썼다.[123] 또한, 러시아 역사가들은 당시 "금장 칸국(Golden Horde, 킵차크 칸국)의 수도, 사라이의 발굴은 진정한 산업 중심이었다는 사실을 밝혔다. 많은 벽돌 가마와 도자기 판매점은 집과 상점에 물을 공급하는 수많은 수조, 운하를 발견되었다. 그리고 전시장과 교역소에서는 베니스의 양단과 유리를 포함한 다른 세계의 상품들과 물건들을 팔았다."[124]

몇몇 러시아 역사학자는 러시아 제국이 칭기스 칸의 제국,[125] 또는 금장 칸국[126]을 계승하였다고 믿었다. 현대사학에서는 '몽골-타타르 침략'이라는 용어를 재검토하려는 시도가 이루어지고 있다.[127] 요즈음엔 러시아 역사 교과서에서 찾아

---

122 피그스(O. Figes), 나타시타의 춤: 러시아의 문화사, 메트로폴리탄 북스, 뉴욕, 2002, 369면.

123 야쿠보브스키(Yu. Yakubovskii), "사라이 베르케의 수공예 산업의 기원에 관한 문제에 관하여", 이즈베스티아, 1931, Ⅷ, 앞의 책, "Timur and Timurids 아래의 사마르칸트", 앞의 책, "동양의 봉건주의". 1932년 SAHMC, 금장칸국 수도 – 사라이 베르케, State Hermitage, 1933.

124 K. d'Ohson, 앞의 책, 29면.

125 투르베츠코이(N.S. Trubetzkoy), 앞의 책, 27~28면.

126 사비츠키(P. N. Savitskii), 유라시아 대륙, 2권, 모스크바, 1977, 280~281면; 대무슬림 제국의 시대와 카이로의 아바스 칼리프 왕조, 18세기 중엽, 모스크바, 2002, 28~30면.

127 엔크치맥(Ts. Enkchimeg), 러시아 역사 연대기에 나타난 몽골

볼 수 없는 용어가 되었다.

7. 몽골과 중국의 평화

13세기 몽골인들은 중국 역사에서 500년 이상[128] 지속되었던 거대한 분열의 시기에 종지부를 찍었다. 대만에서 몽골 역사학을 창시한 대만의 역사학자 야오충우(Yao Qung U)에 따르면, 13세기 몽골인에 의한 중국인의 통일은 세계적으로 중요한 업적이었으며, 칭기스 칸의 통치 기간에 시작되어 외고데이 칸의 통치 기간에 계속되었고, 쿠빌라이 칸으로 성공적으로 완성되었다.[129] 이 기간 동안 중국뿐만 아니라 원나라 통치 하에 티베트와 위구르의 경제는 가능한 모든 면에서 번영했지만, 중국의 과거 역사에서는 적절하게 평가되지 않았다. 대만 역사학자 샤오치칭(Hsiao Qiqing)에 따르면, 많은 사람이 중앙아시아, 서아시아, 남러시아의 선교사, 계몽자, 무역업자들이 몽골 제국의 통치 기간에, 중국에 와서 중국을 다국적 사회와 다양한 문화로 변화시키는 데 공헌했다.[130] 지금까지 몽골인들은 중국의 경제를 몰락으로 몰고 갔고, 참을 수 없을 정도로 강력한 계급 탄압을 했으며, 중국인들을 착취한 것으로

제국의 역사, 에르뎀(몽골 과학 아카데미의 신문), 2016년 4월 04일, 5면.

128 풍삭(A. Punsag), 대천원 제국의 역사 노트, 울란바토르, 2015, 64면.

129 아리온구아(N. Ariungua), 대만의 몽골 역사학, 앞의 책, 42면.

130 아리온구아, 위의 책, 55면.

잘못 전달된 것이라고 비난하였다.

일부 중국 역사서에서는 송나라의 역사가 원나라의 역사를 완전히 배제한 채, 명나라의 역사가 직접적으로 뒤따르고 있다. 중국의 역사에서 사라진 97년의 역사적 연대기는 꽤 흔한 현상이다.[131] 그러나 몽골 원나라의 통치 기간에 중국 경제에 급격한 개혁이 일어났다, 한때는 세계적인 발전 추세를 정의했고, 심지어 국제 무역과 문화 관계의 중심이 되기도 했으며 이러한 사실들은 간과될 수 없다.

8. 몽골인과 중동평화

칭기스 칸이 카렘을 침공하여 점령할 계획도 의도도 없었다고 앞서 기술하였다. 몽골인들은 정의를 세우기 위해 중동과 중앙아시아로 향했다. 몽골인들 덕분에 이들 지역의 상업 관계의 발전은 세계 무역과 상업에 가장 큰 영향을 미치는 비길 데 없는 수준에 이르렀고, 이들은 문화와 상업 교류에 큰 역할을 하기 시작했다. 이 관계에서 2대 칸국과 원나라는 모두 동일한 구조와 기술적 지식을 가졌다.[132]

몽골 시대에 사원과 학교가 지어졌으며, 묘소, 간호, 자선 장소가 복원되었다.[133] 그리고 다양한 구조물들이 몽골인들

---

131 아리온고아, 앞의 책, 18면.
132 미칼 비란(Michal Biran), "올카니드 바그다드의 몰락과 부상", 톨카니드 연구소에 대한 새로운 접근 (ll-haadin sudlal shine handlaga). 울란바토르, 2017. 397면.
133 Michal Biran, 위의 책, 215면.

과 그들의 관리들로부터 지급된 비용으로 지어졌다. 지적 생활은 제2의 생명을 불어넣었고 도서관들은 문을 활짝 열었다. 도서관들은 희귀한 책들을 많이 가지고 있었고 모두에게 개방되어 있었다. 그리고 일 칸과 함께 온 학자들은 이 도서관들로부터 책을 읽었고 이 거대한 지적 유산에 엄청난 자부심을 느끼고 있었다.[134]

압둘 가지(Abdul Gazi)는 "칭기스 칸의 통치 기간에, 이란과 투란 사이에 있는 이 지역의 모든 국가는, 유달리 평화로운 삶을 살았다. 절대로 비열한 사람들을 만나지 못할 것이기 때문에, 레반트에서 쿠샨 제국으로 여행할 때, 걱정할 것이 없었다"[135]고 썼다.

칭기스 칸 연구에 관한 최신 영어 서적에서 이스라엘 역사학자 미칼 비란(Michal Biran)은 몽골인들이 "심적인 국제 구매자, 핵심 투자자가 되었고 무역과 상업을 촉진했으며 이슬람 세계에 인프라를 구축했다."[136]라고 썼다. 이런 식으로 몽골인들은 중동과 중앙아시아에 평화와 평온을 가져왔다.

9. 140년간 지속된 세계의 몽골 평화

13세기 몽골인들은 유라시아의 위대한 상업 지역을 개발시키고, 지중해에서 베네치아와 제노바에 이르기까지 몽골 제국

---

134 Michal Biran, 앞의 책, 219면.
135 칭기스 칸의 몽골, 바트 오치르(L. Bat-Ochir), 프랑스어를 몽골어로 번역, 2004, 109면.
136 미칼 비란, 앞의 책, 78면.

을 바로 통과하는 문화를 확립했으며, 중국으로 가는 고속도로를 따라 있는 영토는 안전하고 안전하게 보호되었다. 덕분에 서양은 동양과 다리를 놓았다. 그들의 과일은 유럽인들, 중동의 이슬람교도들, 유대인들, 중국인뿐만 아니라 아시아의 다른 민족들도 똑같이 즐겼다. 가장 중요한 것은 무역업자들과 상인들이 멀리 떨어진 국가들과 직접적인 연결고리를 구축할 수 있었고, 아랍인, 페르시아인, 이탈리아인, 유럽인들은 동양의 정치적, 상업적 중심지로 자유롭게 이동할 수 있었다는 것이다. 선교사, 기술자, 장인, 의학자, 대장장이, 군사 전문가, 몽골 칸과 교류하는 유럽과 아시아 국가들이 그 뒤를 이었다.

비란은 다음과 같이 기술하였다. "몽골 통치자들은 국내외 무역을 촉진함으로써 세금, 시장, 이익을 지지했다. 그 왕국들은 그들 자신의 무역과 상업 전문가들을 가지고 있었고, 그래서 그들은 대륙 간 인프라가 구축된 뒤에 서로 경쟁했다. 아제르바이잔과 볼가강, 중앙아시아와 중국의 북부 지역과 인접한 영토는 국제적인 상업 중심지가 되었다. 그 후 몽골과 중국의 북부 지역은 팽창하는 제국의 예술과 산업의 중심지가 되었다. 특히, 실크로드를 따라 새로운 정착지와 교류 센터가 생겨났다. 팍스 몽골리카(Pax Mongolica) 시대에는 육로가 개선되었고, 해군로도 발달했다. 설명하자면, 인도양이 중국, 인도, 이란 사이의 주요한 상업 경로였다면, 흑해와 지중해는 금장 칸국(Golden Horde, 킵차크 칸국), 이집트, 비잔틴, 서유럽의 맘루크와 이탈리아의 도시와 연결하고 있었다."[137]

몽골에 주로 전도자로 들어온 스파이들이 모든 면에서 몽골인들을 연구하기 시작했다. 그들 중 일부는 진실한 정보를 퍼뜨리고, 다른 일부는 사람들을 공포에 떨게 할 의도로 의도적으로 거짓 정보를 퍼뜨린다. "유럽은 몽골인들의 도움으로 극동에서 유럽으로 전해진 그림, 나침반, 총, 그리고 사회생활의 많은 다른 정교한 측면들에 대해 전혀 알지 못했다."[138]

칭기스 칸과 그의 후계자들은 이전에 다른 왕조와 왕국의 행정관직을 역임했던 정직한 비몽골인들을 임명했다. 그들은 지식이 풍부하고, 지역의 관습과 전통, 법률을 알고, 여러 언어에 대한 지식이 있었으며, 무역과 상업에 정통하여, 그들의 지배에 있는 땅과 지역에 효과적인 행정을 보장하기 위해 제국의 중요한 지위에 올랐다. 칭기스 칸과 그의 직계 후손들은 유럽과 아시아를 통합하는 데 매우 중요한 역할을 했고, 이는 이동을 쉽게 했다. 그리고 유라시아를 연결하는 이주, 무역, 상업을 지원해서 결과적으로 유라시아 전역에는 사람, 학자, 귀족, 성직자, 지식, 문화, 종교, 상호 신뢰, 상품과 상품, 새로운 아이디어, 기술, 동물, 채소와 식물, 심지어 미생물이 끊임없이 유입되었다. 이스라엘 역사학자 미칼 비란(Michal Biran)은 다음과 같이 설명하였다. "몽골인들은 자신들의 언어로 통치하에 있는 사람들과 의사소통할 필요성을 깨닫고, 칭기스

---

137 Michaal Biran, 앞의 책, 102~103면.
138 John Andrew Boyle, 몽골 세계 제국, 울란바토르, 2015, 21면.

칸은 중국어, 위구르어, 페르시아어로 그의 법령을 작성했다."[139] 칭기스 칸과 그의 후계자들은 종교를 차별하지 않았다, 그들은 모든 신앙에 관용적이었고, 다른 신앙보다 단일 신앙을 선호하지 않았기 때문에, 세상에 다민족적인 환경을 만들었다. 이런 식으로 몽골인들은 140년에 걸쳐 팍스 몽골리카라고 불리는 평화로운 시간을 전 세계에 가져올 수 있었다.

---

139 Michal Biran, 앞의 책, 78면.

제**4**장

칭기스 칸의 법을 보여주는 독보적인 자료

1. 도덕과 야사를 바꾸지 마라

연구 과정에서 페르시아어로 쓰인 몽골과 세계의 공식 역사인 라시드 알딘(Rashid al-Din Tabib)의 '연대기 개요(*Jami al-Tawarikh*)'는 몽테스키외보다 450년 앞서 쓰인 칭기스 칸의 법의 의의를 결정하는데 타의 추종을 불허하는 자료이다. 이 비교할 데 없는 저작물에 쓰인 내용은 다음과 같다. "영원한 **텡게리**(Tenggeri: 천국)는 운명을 타고 다스리며, 통치할 운명을 가진 이 세상에 태어날 자손들이 오십 년, 천년, 심지어 만 년 동안에 도를 어기지 않고 복을 가져다줄 것(yusun)[140]이고, 모든 나라에 적용될 수 있는 야삭(yasag)과 칭기스 칸의 야사(yasa)를 지킨다면, 그들의 온 가족은 영원히 평화와 행복 속에 살게 될 것이다."[141] 여기서 매우 흥미로

---

140 Go Akim은 yusun이라는 단어를 State law-See로 번역했다. Rashid al-Din - 연대기 개요라고 불리는 몽골의 역사, Vol II, 울란바토르, 2013, 448면.

141 Rashid al-Din Tabib, *The Jami al-Tawarikh 'Compendium of Chronicles'*, 제1권, Ts. Surenkhorloo, 러시아어를 몽골어로 번역, Ulaanbaatar, 2002, 404면(이하 연대기 개요라고 함). Rashid al-Din Tabib, *The Jami al-Tawarikh 'Compendium of Chronicles'*, Volume two, Translation into Mongolian from English 서문 및

운 점은 처음에 칭기스 칸의 유순(도덕)이라는 용어가 사용되었고, 나중에 야삭이라는 용어가 사용되었다는 점이다. 나는 세계 어느 곳에서도 다시는 건설되지 않은 규모의 몽골 제국의 건국에 기여한 핵심 요인이 도덕 심, 그리고 사람의 마음을 끌어당기는 법이라는 것은 사실이라고 추리하고 그렇게 결론을 내리지 않을 수 없다. 다시 말해서, 법의 정신은 도덕의 보호와 강화에 있다는 생각이다. 야삭(Yasag)이라는 용어는 법의 제목이 아니라 "달래다, 강요하다, 처벌하다"의 의미를 전달한다. 이 주제는 이 책의 뒷부분에서 별도로 다룰 것이다.

페르시아어로 된 '*Jami al-Tawarikh*', 즉 연대기 개요는 몽골과 세계의 공식 역사에 대한 고유한 출처로, 지금까지 몽골뿐만 아니라 페르시아 역사가인 라시드 알딘 자신이 쓴 것처럼 전 세계 다른 곳에서도 마찬가지로 인정되어 왔다. 라시드 알딘이 정말 이 독특한 책의 저자인가?

2. 실제로 페르시아의 Rashid al-Din는 저자일까

Jami al-Tawarikh 편집에서 중요한 역할은 Gaykhatu Khan 시대부터 II-Khanate 왕조의 궁정에서 충실히 봉사해온 매우 학식 있고 현명한 페르시아 장관인 라시드 알딘이 담당했다. 라시드 알딘은 총리로 승진할 때까지 II-khanate 통치자 Gaykhatu, Hasan 및 Olziit khan의 궁정에서 거의 20년을 보

논평 by Go Akim, Ulaanbaatar, 2013, 448면(이하 Rashid al-Din, Compendium of Chronicles).

냈다. 16세기 페르시아의 이슬람 학자 무함마드 혼다미르 (Muhammad Khwandamir)는 라시드 알딘의 위업과 노력을 칭찬하면서 다음과 같이 썼다. "라시드 알딘(Hoja Rashid al-Din Fazlullah)은 아리스토텔레스처럼 현명했고 플라톤처럼 영리했다. 그는 추리와 전통 과학의 기술을 통달한 사람이었고 항상 글을 쓰고 작곡했다. *Jami al-Tawarikh*[142]는 그의 보석돌 펜에서 발산되는 많은 빛나는 광선 중에서, 모든 개요서 중에서 가장 유명했다. …… 그는 이야기와 시를 통해 찬사를 부르고 자비와 덕행을 칭찬했다. 우리가 남긴 발자국은 우리가 어땠는지 그리고 다른 사람들의 시선은 우리가 세운 기념비를 향하게 될 것이다."[143] *Jami al-Tawarikh*의 저술에서 라시드 알딘의 공헌을 인정한 영국 동양학자 존 보일(John Boyle)은 "그 자신이 역사를 쓰는 것 이상으로, 그는 자신을 대신하여 개론의 더 많은 부분을 편집하는 일을 담당했다."[144]라고 지적하였다. 라시드 알 딘(Rashid al-Din)은 이 비길 데 없는 역사 작품 편집에서 자신의 개인적인 역할에 대해 다음과 같이 말했다. "나는 몽골의 역사, 이야기, 서사시, 전설을 계속 연구하면서 완전히 빠져들었고, 이 명령을 존중하기 위해 최선을 다했고, 연구하고 조사한 결과 보물 창고의 한 페이지에 있는 내용을 조사하고 분류하였다. 궁전의 국가 관리들과

---

142 이것은 연대기 개요에 대한 언급이다.
143 W. M. Thackston, 번역가의 서문, Rashiduddin Fazlullah의 연대기 개론. 몽골의 역사, 1부, xiii면.
144 John Andrew Boyle, 앞의 책, 343면.

다양한 계층과 분야의 학식 있는 역사가들로부터 받은 모든 정보를 확인하고 다시 확인하여 여기에 포함했다. 그것들은 모든 사람이 이해하기 쉽게 표현되는 단어로 기록되었으며 각 장으로 구성되었다."[145] 따라서 저명한 페르시아 학자 라시드 알딘은 *Jami al-Tawarikh*의 저자가 아니라 현대 언어로 이 용어를 사용하는 경우 편집 저자라는 사실이 밝혀졌다.

라시드 알딘은 궁정 약제사였기 때문에 칸을 투옥하고 암살한 혐의로 궁정 음모에 휘말려 처형당했다. 나중에 라시드 알딘은 범죄에 대해 유죄 판결을 받지 않았으므로 명예를 회복하였다.

3. '황금 왕조(알탄 우라그)'의 의뢰

칭기스 칸은 스승에게 보낸 편지에서 "이제 나는 온 세상을 평화롭고 고요하게 만들기 위해 숙련되고 재능 있는 사람들에게 의지하고 싶으므로 학자와 학식 있는 사람들을 초대할 것이다."[146]라고 말했다. 이러한 방식으로 칭기스 칸의 후계자들은 전 세계 학자와 지식인의 지적 자원을 존중하고 쉽게 하는 역사적 전통을 추구했다. 칭기스 칸의 막내아들인 Tolui의 셋째 아들, Hulegu가 세운 Il-Khanate의 더 작은 연속 통

---

145 Rashid al din, The *Jami al-Tawarikh* '*Compendium of Chronicles*', 30면.

146 진인 창충의 서쪽 여행, 도교 총대주교 치우추지(Qiu Chuji) 또는 창춘(Changchun), 번역 및 해설: Ya. Ganbaatar와 Ts. Ganbaatar, 2010, 18면 (이하 서유기).

치자들은 페르시아어로 된 'Jami al-Tawarikh(연대기 개요)'의 저술을 의뢰했다. 이 노력은 아마도, 특히 무슬림 자료에서 그토록 많이 잘못 표현되었던 조상들의 영광스러운 역사를 올바른 위치에 놓기 위한 시도였을 것이다.

라시드 알딘은 다음과 같이 기술했다. "나 자신이 역사서를 저술하라는 명을 받아 각 지파와 씨족에게서 끊임없이 전해 내려오는 모든 구전과 선비들이 자신의 신념으로 쓴 글 하나하나를 하나도 바꾸거나 개작하지 않고 필사하였다. 모든 나라와 민족의 사람들을 배우면서 내가 이해력이 부족하거나 머리가 나빠서 이 화자의 구전과 글들을 간과하거나 빠뜨릴 수 있었을 것이다. 그러나 이벤트를 선택할 때, 나의 의지에도 불구하고 이런 종류의 작업에는 엄청난 기술과 과학에 대한 전반적인 지식이 필요하므로 진행하기가 매우 어려웠다. 당연한 일이지만 모든 것이 부족했다. 내가 시간이 있었고 내가 (조금만 더) 젊었더라면 관리할 수 있었을 텐데, 오래 살 수 없는 나이 든 사람이 이 도전에 (용감하게) 나섰던 것 같다. 이 겸손한 자아는 칸의 궁정에서 보좌관으로 임명되었고, 중요한 국가 의무를 수행하는 책임을 부여받았다. 또한, 내 추리력이 부족하고 기억력이 부족했기 때문에 이 기념비적인 임무를 완수할 시간이 없었지만, 황실의 명령을 수행하기 위해 열심히 일하고 최선을 다할 수밖에 없었다."[147] 라시드 알딘이 쓴 것으로 판단하면, Jami al-Tawarikh '연대기 개론'이 칸

---

147 Rashid al-Din, *The Jami al-Tawarikh,* 앞의 책, 11~12면.

의 제국 명령에 따라서 만들어졌다는 것은 논쟁의 여지를 남기지 않고 절대적으로 분명하다.

라시드 알딘은 또한 다음과 같이 기술하였다. "……몽골인의 실제 역사는 수 세기에 걸쳐 몽골어로 기록되었지만, 편집 및 정리되지는 않았지만, 칸의 다른 보물창고에 숨겨지고 보관되었다. 이방인과 유식한 사람들의 시선에서 비밀이 드러났고, 결과적으로 그들에게 다가가 연구하는 것은 불가능했다. …… 이것은 하산(Hasan) 칸이 많은 사람이 부러워하던 이란(Iran) 군주의 왕관을 이어받아 왕위에 올랐을 때까지 그대로 유지되었다. 칸은 천재였기에 일르 편찬할 필요성을 인식하고, 하마단 압둘하르(Hamadan Abu'I-Hayr) 출신 약사의 아들인 노예 파둘라(Fadlullah)에게 일어난 그들의 이야기와 서사시의 모아서 편찬하라는 대칙령을 내칙령을 내렸다. 파둘라는 라시드라는 칭호를 가지고 있었고, 몽골족으로 여겨지는 모든 투르크인과 그들의 기원과 뿌리에 대한 모든 역사적 자료를 연구하였다. 이 자료는 칸의 무덤에 보관되어 있었고, 근엄한 사령관과 경호원에게 맡겨져 있었다."[148] 위의 내용으로 판단하면, Il-Khanate의 칸인 하산이 몽골의 역사를 기록하도록 명령했음이 밝혀졌다. 하산 칸은 칭기스 칸의 막내아들 Tolui의 아들인, Hulegu와 직접적인 관련이 있다. 하산의 조상은 Hulegu(1256~1265), Tekuder Ahmed(Tokudar)(1282~1284), Argun Ilkhan(1284~1291) 및 Gaykhatu(1232~

---

148 Rashid al-Din, 앞의 책, 28~29면.

1294)였다.

라시드 알딘은 '연대기 개요'를 작성하라는 명령을 내린 하산 칸(1294~1304)에 대해 다음과 같이 썼다. "하산 칸은 칭기스 칸의 후예 가운데 모든 칸 중에서 가장 뛰어났으며, 세계와 시간을 정복한 그는 자신의 지혜와 지성에서 타의 추종을 불허했다. 힘, 측량할 수 없는 지성, 비타협적 용기, 확고부동한 충성, 자비, 강한 동정심, 최고의 통치자, 도전할 수 없는 유능한 지도자 그는 yusun-moral(저자 나랑게렐에 의해 강조됨)과 yasag-zasag(저자 나랑게렐에 의해 강조됨)를 정파하고 문화를 장려했다. 따라서 왕자들의 부러움을 불러일으켰다. 하산 칸은 이 세상의 목이 뻣뻣한 자들의 목을 굽히고 그의 칙령과 명령을 온유하게 따르게 했으며, 손톱의 거친 피부로도 가릴 수 있는 의심의 여지 없이 현명하고 영리한 사람들의 수수께끼를 풀었다. 그는 매우 의미심장한 연설을 하는 뛰어난 철학자이며, 예언자들을 말문이 막히게 하고 어떤 질문도 하지 않게 했다. 그는 이 우주의 사람들보다 높은 도덕을 수호하는 기술(저자 나랑게렐에 의해 강조됨)로 시간이 흘러도 절대로 닳지 않는 이 우주의 귀중한 작품에 대해 잘 알고 있었다."[149] 페르시아어에 능통하고 주로 페르시아어 자료를 사용하여 연구를 수행한 유명한 영국 동양학자이자 역사가인 보일(John Andrew Boyle, 1916~1978)은 그의 저서 '세계 정복자의 역사'에서 하산 칸은 후계자 올지트(Olzii) 칸 통치 기

149 Rashid al-Din, 앞의 책, 23~24면.

간에 규모와 범위가 커진 역사를 쓰라고 명령을 내렸다고 주
장하였다.[150]

4. 몽골의 공식 역사서

'*Jami al-Tawirakh*(연대기 개론)'은 몽골 국가의 공식적인
역사였지만, 유감스럽게도 몽골과 외국의 학자들은 모두 그
것을 13~15세기에 플라노 카르피니의 요한(John of Plano
Carpini)이 쓴 여행 기록 및 설명과 동등하게 취급하였으며,
Carpini, Juvaini, 그리고 Rubruck의 William과 Marco Polo
도 역시 그 책을 순전히 라시드 알딘의 작품이라고 믿었다.[151]

하산 칸의 뒤를 이어 왕위에 오른 올지트 칸(Olziit khan)은
'*Jami al-Tawarikh*(연대기 개요)'를 높이 평가하며 "지금까지
이러한 세계의 모든 국가에 거주하는 사람들의 연대기 개요
와 모든 인류의 계층과 그룹은 절대 구성되지 않았다."[152] 유
명한 학자인 바톨드(Wasilij V. Barthold)는 "따라서 라시드
알딘의 작업은 아시아나 유럽에서 중세 시대에 존재했던 단
일 민족과 같은 방대한 역사적 백과사전의 형태를 취했다."[153]

---

150 John Andrew Boyle, 2015, 앞의 책, 323면.
151 예를 들어, 몽골의 법률 및 입법의 역사적 모음집은 *Jami al-
     Tawarikh*(연대기 개요서)가 Rashid al-Din의 작품이라고 기록
     했다. 몽골 법률 및 입법의 역사적 모음집, Vol-I, 1206-1910, 울
     란바토르, 2010, 29면.
152 Rashid al din, 앞의 책, 8면.
153 W. Barthold, Turkestan Down to the Mongol Invasion, "*E. J.
     W. Gibb Memorial*", 제2판, 런던, 1928, 46면.

라고 썼다. *Jami al-Tawarikh*에 대해 쓴, '몽골 제국의 흥망성쇠'라는 저서에서 고대 중국어, 페르시아어 및 몽골어로 된, 서양 및 동양의 역사적 자료에 관한 실질적인 연구를 수행하려는 일본의 유명한 몽골 학자-기야마 마사끼(Sugiyama Masaaki)는 당시 몽골 통치자가 페르시아어로 쓴, 기념비적인 '몽골의 공식 역사'로 특징지었다. *Jami al-Tawarikh*가 존재하지 않았다면, 몽골 제국의 역사에 대해 이야기할 필요가 없었을 것이다. 더군다나 중앙 유라시아에 거주했던 투르크-몽골 유목민-의 역사를 되살리는 것조차 도전이 될 것이다. *Jami al-Tawarikh*는 인류 역사상 단 한 번도 쓰여진 적이 없는 역사적인 작품이다. 몽골의 공식 역사서의 규모와 범위, 특히 그 안에 실린 자료의 내용에 견줄 만한 역사적 연대기는 없었다고 해도 과언이 아닐 것이다. 그 당시 몽골이라는 국가가 존재했던 시대라는 이유만으로 이 책은 전무후무한 역사적 기념비적 작품이다.

더 나아가 몽골인들이 '세계'라는 단어가 실제로 의미하는 바를 명확하게 이해했다는 사실은 부인할 수 없도록 확인되었다. 인류의 역사는 몽골의 통치 기간에만 하나의 단어가 되었다[154]라고 스기야마 마사아끼(Sugiyama Masaaki)는 결론을 내렸다. 러시아 고드노프(Tsar Boris Godunov, 1552~1605) 통치 기간에 할핀(Halfin)이라는 이름의 강사가 페르시아어에서 터키어로 번역된 두루마리를 발견하여 보관을 위

---

154 Sugiyama Masaaki, 앞의 책, 15~16면.

해 카잔대학교 도서관에 주었고, I. N. 베레진(러시아의 유명한 동양학자, 1819~1895)가 이를 발견하였다. 이 두루마리는 베레진이 '*Сборник летописей*(연대기 총서)'이라고 번역한 것으로 오랜 기간을 두고 순서대로 인쇄한 *Jami al-Tawarikh*(연대기 개요)의 간결한 버전이었고, 1858년, 1868년, 1888년 그 사이에 '*Труды Восточного отделения Имп ераторского русского археологического общества*' (러시아 제국 고고학 협회 동양 부서의 작업)라는 시리즈로 인쇄되었다.[155] 세계 최초로 『몽골비사』를 외국어(러시아어)로 번역한 러시아 학자 카파로프(P. I. Kafarov, 1817~1878)는 1866년 번역서 서문에서 "나는 우리의 저명한 동양학자인 베네진이 번역하고 있는 라시드 알딘의 자미알 타와리크 '연대기 개요'가 칭기스 칸의 역사에 관해 이전에 저술된 모든 책을 담은 것이라는 데에 의심할 여지가 없다."[156]라고 썼다. '*Jami al-Tawarikh*(연대기 개론)'은 1952년 소련 동양학자에 의해 번역되었으며, 슈렌코루(Ts. Shurenkhorloo)에 의해 러시아어에서 몽골어로 번역되었다. 이는 2002년에 인쇄되었다. 10년도 더 지난 후, 미국 동양학자 택스톤(Wheeler Thackston)이 파츠룰라(Rashiduddin Fazlullah)의 *Jami'u't-*

---

155 Go. Akim, 논문 개요(Шашдирын Чуулган)의 의미에 대한 간략한 살펴보기 Rashid al-Din Tabib, *The Jami al-Tawarikh "Compendium of Chronicles*", Book One, Second Edition, Ulaanbaatar, 2013, 15 ~ 16면.

156 J. Nergui, '몽골비사'의 Palladi Kafarov, 울란바토르, 2015, 141면.

tawarikh-Compendium of Chronicles: A history of the Mongols-[157]를 영어로 번역했으며, 2013년에 아킴(G. Akim)이 '*Compendium of Treatises*'의 제목으로 몽골어로 번역했다. 이런 식으로 *Jami al-Tawarikh 'Compendium of Chronicles'*는 러시아어와 영어로 번역되었으며, 머지않아 신세대 학자와 연구자들은 그것을 페르시아어에서 몽골어로 번역할 날이 올 것이다.

'*Jami al-Tawarikh*'는 세 권으로 구성되어 있다. 1권의 1편은 몽골과 투르크 부족의 역사, 족보, 분포를 다룬다. 1권의 2편은 Dobu Mergen에서 칭기스 칸, 그의 칸 및 귀족의 조상에 이르기까지 몽골의 역사를 다룬다. 2권에는 Ogodei, Tsagadai, Tolui, Guyuk, Mongke, Khubilai 및 Tomor 칸의 역사가 포함되어 있다. 3권은 칭기스 칸의 막내아들인 톨루이의 셋째아들 훌레구(1256~1265), 아바카 칸(1265~1282), 테구데르 아마드(1282~1284), 아르군(1284~1291), Gaykhatu (1292~1294), Hasan(1294~1304) 칸의 역사를 담고 있다. 페르시아어에는 두 가지 버전의 *Jami al-Tawarikh*가 있다. 처음 3권은 초기(1306-1307)를 다루고, 4권은 후기(1310)를 다룬다.[158] 초기 자료에 따르면, 그들은 몽골 세계제국의 부상과 몽골족의 기원 및 계보에 대한 가장 훌륭하고 간결한 지식을

---

157 *Rashiduddin Fazlullah*의 *Jami'u't-tawarikh*, 연대기 개요, 하버드대학교에서 출판, 1998년.
158 John Andrew Boyle, 앞의 책, 326면.

우리에게 제공한다.[159]

이 독보적인 역사서는 몽골이 세계제국이 된 통일몽골국가(1206년)가 건국된 지 90년이 지난 후에 기술되었다. 이 기념비적인 작품을 제작하는데 10년 이상(1301년에서 1311년 사이)[160]이 걸렸다.

5. 인류의 공식 역사서

'*Jami al-Tawarikh*(연대기 개론)'은 연구자와 학자들이 만장일치로 인정하는 인류의 공식 역사이다. 하산 칸의 뒤를 이은 올지트 칸은 *Jami al-Tawarikh*에 대하여 다음과 같이 높이 칭찬했다. "오늘까지 세계의 모든 국가에 거주하는 사람들과 인류의 모든 계층과 그룹에 거주하는 사람의 연대기 개요는 절대로 구성되지 않았으며, 이 영역에서 이 땅에 관해 설명하는 책도 없었고 아무도 고대 칸의 연대기에 기록하지 않았다. **텡게리**를 찬양하라, 이 세상의 모든 곳곳이 우리 지배하에 있고 현재 칭기스 칸의 유명한 후계자의 통치 아래에 있는, 금나라, 송나라, 인도, 카슈미르, 티베트, 위구르, 터키의 사람들이 지배하고 있을 뿐만 아니라 많은 아랍 및 프랑코 국가의 모든 종교 철학자, 천문학자, 학자나 역사가들이 고귀한 궁정에 모였으며 모든 사람이 사람들의 역사, 전기 및 신념에 대한 역

---

159 John Andrew Boyle, 앞의 책, 328면.
160 B. Baljinnyam, 세계 몽골의 역사, 제5권, 몽골 제국의 시대, 추가된 제2판, 울란바토르, 2015, 157~197면.

사본을 하나씩 가지고 있으므로 그들은 그들에 대해 잘 알고 있으며, 이에 우리는 제의를 제기해본다. 이렇게 종합적인 역사와 논문으로 구성된 개론이 우리 정신의 이름으로 편찬된다면, 역사와 논문은 훨씬 더 풍성해지지 않았을 것이다. 지도에 관한 책과 지리 개념에 관한 책이 두 권으로 구성되면, 대작이 될 것이라고 확신한다. 그러한 기회가 지금 여기 있고 그러한 인상적인 책이 만들어지고 있을 수 있으므로, 우리는 이 생각을 무시하지 않고 더 이상 지체하지 않고 우리의 이름과 명성이 영원히 기억되고 영원할 수 있는 포괄적인 방식으로 이 개론을 작성해야 한다.”[161]

이에 대해 몽골 제국 역사학자의 중요한 대표자인 일본의 저명한 몽골학자 스기야마 마사아키는 다음과 같이 언급하였다. “아담으로 시작하는 히브리 선지자의 역사, 고대 유대인의 역사를 포함한 인류의 조상, 고대 페르시아 국가의 역사, 이슬람 선지자 무함마드로 시작하는 칼리프의 역사, 몽골과 이스마일에 의해 파괴된 화라즘 왕조의 역사, 전설적인 오구즈 카간(Oguz Khagan) 또는 오구즈 카간으로 시작되는 투르크 부족의 역사, 그리고 전설적인 시조 판구로 시작되는 키타이(Khitai)의 여러 왕조와 국가의 역사 남송 왕조의 마지막 현제인 소제에 이르기까지 ‘프랭크’ 역사라고 불리는 유럽의 역사는 모두 기록되었다. 석가모니(Sakyamuni) 또는 가우담(고타마: Gautam) 붓다(Buddha)가 쓴 역사를 포함한 인도의

---

161 Rashid al-Din, *The Jami al-Tawarikh*, 1998, 앞의 책, 8면.

역사를 기록했다. 즉, '세계'의 여러 지역과 국가의 역사를 수집하고 편집한 기념비적 역사인 '몽골의 역사'를 기초로 하여 작성되었다."[162] 세계의 역사를 종이에 기록하려는 이 최초의 시도는 드물고 중요한 성과로 인정받고 있다.

6. 여러 나라 학자의 공동 작업

하산 칸은 *Jami al-Tawarikh* 편찬 작업을 시작하고 개인적으로 감독했으며, 편찬은 올지트 칸이 담당했다. 올지트 칸은 이 작업의 기념비적인 특성을 위대한 업적으로 강조하면서 다음과 같이 말했다. "텡게리(Tenggeri)를 찬양하라. 이 세상의 모든 구석이 우리 지배하에 있고, 현재에 금나라, 송나라, 인도, 카슈미르, 티베트, 위구르, 터키의 사람들이 그들의 지배를 받고 있기 때문이다. 많은 아랍 및 프랑코 국가의 종교철학자, 천문학자, 학자와 역사가뿐만 아니라 칭기스 칸의 유명한 후계자들이 고귀한 궁정에 모였다."[163] 라시드 알딘은 몽골의 역사를 구성하도록 위임받은 팀에 대해 글을 쓰고, "이 책에 포함된 간략한 결론은 세부 사항에 들어가지 않고, 내가 Jing Dynasty의 현자와 학자인 Jagar(인도는 Mongols. 저자 나랑게렐 표기)와 함께 연구하고 분석했다, 위구르, 킵차크 및 기타 여러 국가의 다양한 계층과 계층의 사람들이 칸 폐하의 궁정에서 봉사하고 있다."[164] 이것으로 미루어 볼 때,

---

162 Sugiyama Masaaki, 앞의 책, 14~15면
163 Rashid al-Din, *The Jami al-Tawarikh*, 앞의 책, 8면.

당시 Il-Khanate 왕조의 궁정에서 복무하던 외국 학자와 현자들이 집합적으로 *Jami-al-Tawarikh* 편찬에 동원된 것으로 추론할 수 있다.

7. *Jami al-Tawarikh*(연대기 개론) 및 Bolod Chinsan(CH'eng-hsiang)

위대한 몽골 제국의 쿠빌라이 칸(Khubilai Khan)은 '연대기 개론'(*Jami al-Tawarikh*)의 저술에 많은 관심을 기울였다는 점에 주목해야 한다. 학자 달라이(Ch. Dalai)는 "돌아오는 길에 마르코 폴로가 몽골 페르시아 칸의 궁정에 잠깐 들렀는데, 그동안 그는 쿠빌리아 칸이 전한 메시지에 관해, 아르군 칸과 상의하고 논의했다. 라시드 알딘의 책이 마르코 폴로의 여행 노트에서 발견할 수 있는 많은 사건을 설명하고 있으므로 마르코 폴로가 분명히 라시드 알딘을 만났을 것이라는 생각이 떠오르고 *Jami al-Tawarikh*를 쓰는 아르군 칸(Argun Khan)의 궁전에 있었다."[165] 쿠빌라이 칸의 남동생 후레구(Hulegu)는 Il-Khanate의 칸아들의 할아버지였으며, *Jami al-Tawarikh*의 편찬을 시작한 것은 후레구 칸이었다. 둘 다 몽케 칸(Mongke Khan)의 동생이었다. 이들은 모두 칭기스 칸의 막내아들인 톨루이 칸의 아들들이었다.

---

164 위의 책, 29면.

165 Ch. Dalai, 몽골 역사(1260~1388), 제2판, 울란바토르, 2015, 125면.

쿠빌라이 칸이 Il-Khanate에 보낸 개인 사절인 몽골의 Bolod[166] Chinsan[167](Bolod CH'eng-hsiang)은 *Jami al-Tawarikh*(연대기 개론)의 집필에 중요한 역할을 했다. 그는 Khubilai Khan의 가장 가깝고 신뢰할 수 있는 장관이었다. 높은 도덕성과 교육을 받은 Bolod Chinsan(Bolod CH'eng-hsiang)은 쿠릴라이 칸의 농업 행정, 국가 및 군대, 법원 행정 고문과 법원 의식 설계자로 재직했다. 그의 팀원 중에서 라시드 알딘은 특히 유명한 몽골 정치가 Bolod Chinsan(Bolod CH'eng-hsiang)의 역할과 공헌을 강조했다. 그는 다음과 같이 썼다. "참고로 위대한 군사령관, 장엄한 대장, 이란과 투란의 군사령관, 세계 모든 국가의 수장인 Bolod Chinsan(Bolod CH'eng-hsiang)(그는 내 조언을 받았다)은 (이유로 강조되었다) 다양한 형태의 예술과 문화에 대한 그의 기술과 투르크 부족, 특히 몽골족의 기원과 역사에 대한 지식 면에서 이 세상 모든 곳에서 필적할 만한 사람이 없었다."[168]

8. 연대기 개론과 *Altan Debter*(황금책)

연대기 개론을 집필하기 위해 약 20명의 몽골 역사가들이 수많은 낙타 떼의 역사 유물을 이란[169]으로 가져왔다고 전해지

---

166 O. Nyamdavaa, *Bolod Chinsan*, 울란바토르, 2016, 7면.
167 진산(Chinsan)은 칸을 보좌한 고위 대신에게 붙여진 칭호로 재상을 뜻한다.
168 Rashid al-Din, *The Jami al-Tawarikh*(연대기 개론), 앞의 책, 29면.

고 있는데, 그 중에는 '몽골비사'의 모태라고 전해지는 '*Atan Debter*(황금책)'도 포함되어 있을 것으로 추측된다.

라시드 알딘은 "수 세기 동안 몽골의 진정한 역사는 몽골어와 몽골 문자로 작성되었지만, 한 줄로 편집되고 정리되지 않았고 보물창고에 흩어져 보관되었으며, 사람들에게 숨겨져 있었고 외국인과 전문가의 눈으로 누구도 만질 수 없고 연구할 수 없다."[170]고 적혀 있다. 외국인들의 눈에 띄지 않게 숨겨졌던 몽골어 쓰기로 기록한 역사의 하나가 '*Altan Debter*(황금책)'이라고 정의할 수 있다. 영국의 유명한 동양학자인 존 보일(John Boyle)은 '황금책'의 내용에 대해 "몽골과 그들과 유사한 다른 투르크족의 혈통과 계승에 직접적으로 관련되어 있다는 인상을 줄 뿐"[171]이라고 하였는데, 이는 라시드 알딘의 "아룬구(Alungoo)의 혈통에서 많은 부족이 갈라져 나왔는데, 그들을 모두 개별적으로 세면 백만 명이 훨씬 넘을 것이다. 그들은 모두 분명한 계보를 갖고 있다. 왜냐하면, 아버지나 조상의 혈통을 보존하는 것이 몽골인의 풍습이고, 새로 태어나는 아이에게는 다른 사람과 마찬가지로 자신의 혈통에 대한 감각이 부여되기 때문이다. 그러므로 그들 중에 그의 성과 족보를 모르는 사람은 단 한 명도 없다. 몽골인 외에는 그런 풍습을 가진 시민이 없다."[172]라고 한 사실로부터 생각하

---

169 O. Nyamdavaa, *Bolod Chinsan*, 앞의 책, 2016, 7면.
170 Rashid al-Din, *The Jami al-Tawarikh*, 앞의 책, 28면.
171 John Andrew Boyle, 앞의 책, 343면.
172 Rashid al-Din, *The Jami al-Tawarikh 'Compendium of Chronicles'*,

였을 것이다. 연구원들은 황금책이 '몽골비사'의 출처일지도 모른다고 믿는다. 타이추드(Taichuud)와 카이두 칸(Khaidu Khan)의 연대기는 '황금책'에 대해 언급하였다.[173] 몽골학자들은 "원국이 건국된 이래 몽골 학자들은 몽골 왕의 역사와 몽골이 정복한 나라의 역사를 집필하는 데 큰 관심을 기울였으며, 13세기 몽골어로 쓰인 '몽골비사', 라시드 알딘의 '연대기 개론'이 간행되었다. '몽골연대기 노트'는 몽골과 투르크 지방의 역사자료를 집필하여 '연대기 개론'을 집필하는 데 사용되었다. 하산 칸은 이 책을 자신의 궁전에 보관하고 누구에게도 보여주지 않았다고 한다. 나중에 이른바 '하산 칸의 명령에 관한 역사기록'을 작성할 때, 칸(Khan)은 라시드 알딘에게 이 중요한 출처를 사용하도록 허가했다."[174]라고 기록되어 있다.

연대기 개론에 기록된 칭기스 칸의 도덕이 무엇이었는가를 고찰하기 위해서는 도덕이 실제로 무엇인지, 그것이 인간의 마음속에 어떻게 존재하는지를 논의하는 것이 타당하다.

앞의 책, 172면

173 Go. Akim, 연대기 개론(*Шашдирын чуулган*) Rashid-al-Din Tabib, *The Jami al-Tawarikh 'Compendium of Chronicles'*의 의미에 대한 간략한 엿보기, 1권, 2판, 울란바토르, 2013, 7면

174 J. Ganbold, T. Monkhtsetseg, D. Naran, A. Punsal, 몽골의 원제국, 제2판, 울란바토르, 2015, 174면.

인간의 도덕은 본성

1. 인간의 도덕은 본성이다

몽골 사람들만 아니라 전 세계적으로 사람들이 아래에서 위로 '도덕'과 '윤리'라는 말을 주문처럼 외우고 있으며, 인간이 도덕을 잃고 국가와 세계가 위기를 겪고 있는 데에 한탄하고 있다. 천재 몽테스키외(Montesquieu)는 도덕적 타락에 대해 글을 쓰면서 이렇게 말했다. "타락하는 것은 젊은이들이 아니다. 그들은 성숙한 나이의 사람들이 이미 부패에 빠질 때까지 버릇없어지지 않는다."[175]

이 점에서 '도덕적인 것이 무엇인가?' 그리고 그것이 후천적인가, 자연적인가를 알아낼 필요가 있다. 인류는 도덕을 두 가지 측면으로 해석해 왔다. 반면에 도덕은 사회적, 정치적, 경제적 관계에 직접적으로 의존하는 것으로 이해된다. 다른 한편으로, 그것은 인간 존재의 일부이자 소포이며 인간의 내적 특성을 이룬다. 첫 번째 교리에 따르면, 사람은 도덕성이 없이 태어난다. 즉, 사람은 탐욕과 나쁜 감정을 가지고 태어난다. 그러므로 탐욕과 악의를 억제하고 제한하는 것이 필수적

---

175 몽테스키외, 앞의 책, 32면.

이다. 그렇지 않으면, 사회적 존재는 평화롭게 살 수도 없고 행복하게 살 수도 없다. 사람이 탐욕과 악의를 품고 태어났다고 믿는다면, 인류는 반드시 멸망했을 것이다.

유럽에서는 약 2500년 전에, 도덕에 관해 아리스토텔레스가 다음과 같이 썼다. "……도덕적 가치는 모두에게 속하지만…… 다 같지는 않다."[176] 아시아의 천재 공자도 2,500여 년 전에 "스스로 덕에 있으면, 지시를 내리지 않아도 행할 수 있는데, 스스로 비윤리적이면 평민이라도 그 지시를 따르겠느냐?"[177]라고 말했다.

인력 법칙의 창시자 알베르트 아인슈타인은 도덕[178]이 인간의 가장 소중한 가치임을 이미 증명했다.[179] 독일 철학자 리하르트 프레트(Richard David Precht)는 인간의 도덕성은 자연스러운 것이라고 썼다. 영장류에서 진화한 뇌는 다른 사람의 감정을 이해할 수 있는, 가능성을 제공했으며 '선행'을 한 경우, 신경화학적 인센티브를 받는다는 것도 알고 있다. 따라서 의식적 습관은 마음과 성찰에서 진화하는 극도로 복잡한 이타주의이다. ……[180] 자신의 도덕성을 원하는 지위는 그 사람이 자신을 어떻게 존중하고 다른 사람에게 존경받기를 원

---

176 아리스토텔레스, 정치학…제4판…, B. Dash-Yondon 번역, 울란바토르, 2015, 48면.
177 공자, 비판, M. Chimedciee, 중국어를 몽골어로 번역, 울란바토르, 2013, 124면.
178 도덕은 영어는 moral, 러시아어는 мораль이라고 정의된다.
179 알베르트 아인슈타인, 울란바토르, 2015, 79면.
180 위의 책, 같은 면.

하는 가와 그 사람의 양육에 달려 있다. 세계의 저명한 사상가들은 도덕을 '선행', '의식', '감성', '내면의 믿음과 신뢰', '인간적 자질', '정의', '마음의 평화'로 정의했다. 도덕이란 사람의 가장 훌륭한 자질들이 하나로 합쳐진 것이다.

칭기스 칸의 스승인 찬충은 "진심으로 도리(도덕)를 생각할 수 있다면, 접근하기 어려운 바위와 절벽에도 불구하고 높은 산을 오르는 것처럼 생각할 것이고, 그 사람이 더 높이 올라갈수록 그 승천은 그만큼 어려워진다. 그러나 작은 실수라도 있다면, 그동안의 모든 노력이 물거품이 될 것이다. 그러므로 원칙을 엄격히 지키기는 지극히 어려운 일이며, 가장 큰 진리는 이 세상의 보통 사람은 그렇게 할 수 없다는 것이다. 원칙(도덕)을 배반하는 자, 탐욕스러운 자들은 높은 산에서 굴러가는 돌처럼 흔적도 없이 순식간에 망한다."[181]

2. 인간은 도덕의 파동을 방출

인간의 마음은 두 부분으로 나뉜다. 하나는 의식으로, 다른 하나는 잠재의식으로 알려져 있다. 인간은 생각하고, 상상하고, 감상하고, 이해하며, 이는 의식의 반영이다. 현대 과학이 광대한 무의식이라는 미지의 영역을 탐구하기 시작한 지, 100년이 채 되지 않았다. 인간의 도덕성은 인간 두뇌의 860억 세포에 박혀 있다. 과학자들은 뇌가 80조(80,000,000,000,000) 개

---

181 진정한 사람 찬충의 서부여행(*True man Chancuung's journey to the west*), 98~99면

이상의 전기 세포로 구성되어 있음을 확인했다.[182] 또한, 그들은 그 체계가 도덕적 에너지를 생성, 수신, 기록 및 전송하고 상호 교환하는 100억 개가 넘는 세포로 구성되어 있음을 발견했다.[183] 그들은 인간의 내적 도덕률을 규정하는 것이다. 이 법은 다른 사람에게 영향을 미치고 상호 매력을 이끈다. 이것이 바로 양자 물리학자들이 세상이 마음의 창조물이라고 믿기 시작한 이유이다.[184] 과학은 이미 위대한 아인슈타인(A. Einstein)이 발견한 상대성 이론에 따라 두 물체가 '중력'이라 알려진 서로 끌어당기는 힘을 발휘한다는 사실을 확립했다. 이 끌어당김의 법칙은 평생에 모든 인간의 마음에 동등하게 작용한다. 인간의 마음을 포함하여 살아 있는 물체들이 서로 끌어당긴다는 사실은 이 상대성 이론의 현시이다. 그러므로 인간의 도덕은 유사한 도덕을 끌어당기고, 썩은 도덕은 썩은 도덕을 끌어당긴다. 옛 몽골 속담에 "깃털 같은 새들이 모인다(유유상종)"라는 말이 있는 것도 당연하다.

본질적으로 도덕은 사람의 마음과 내적 감정의 파장, 친절의 에너지이다. 사람은 성실과 정직, 수치심과 두려움, 용기, 책임감, 품위, 보살핌, 사랑, 평판, 신뢰, 인내, 관대함, 용서의 선한 에너지를 전파한다고 믿어진다. 법의 문자와 정신에 대

---

182 나폴레옹 힐(Napoleon Hill), 클레멘트 스톤(Clement Stone), 긍정적 사고를 바탕으로 성공을 달성하기, D. Donzoi, 몽골어로 번역, 울란바토르, 2014, 55면.
183 위의 책, 56면.
184 론다 번(Ronda Byrne), 시크릿(비밀)…, 몬수다르(Monsudar)…, 울란바토르, 2011, 15면.

한 오해와 법의 회피는 앞서 언급한 도덕 에너지의 본질과 영혼을 왜곡하는 것을 극도로 어렵게 만든다. 법의 단어와 의미는 왜곡되고 오해될 수 있지만, 인간의 도덕이 보내는 신호의 의미는 왜곡하기 어렵다.

3. 인간의 도덕적 파동은 서로 동일하지 않다

아이가 태어나면 아기의 무의식은 잠복해 있고, 아이의 성장과 발달 과정에서 혈통, 가족, 자기 양육, 사회, 교육에 따라 도덕이나 의식의 내적 법칙이 직접적으로 발달하기 시작한다. 부모의 도덕 유전자는 자녀에게 유전된다. '몽골비사(*Secret History of Mongols*)'는 이러한 유전적 성격에 대해 "그는 귀족의 아들임이 틀림없다. 확실히 그는 고귀한 혈통의 자손이다.[185]"고 언급한다. 칭기스 칸의 아버지[186]와 어머니[187]는 모두 도덕성이 높은 가정 출신이었다.

예로부터 가정 교육은 자녀 양육에 매우 중요했다. 그래서 교육을 선조들의 위대한 지식을 배우고, 그 지식을 바탕으로 미래의 삶을 개척하고, 미래의 흐름과 운명의 에너지를 결정하는 것으로 이해한 것이다. 몽골인들은 아이들이 선조와 국가 전통의 가치와 가치를 인식하고, 현명한 삶의 방식을 영위

---

185 몽골비사, 135면.
186 칭기스 칸의 계보에 대해서는 S. Narangerel, Chinggis Khan의 도덕법적 연대기, Ulaanbaatar, 2014, 25∼26면 참조.
187 칭기스 칸의 어머니 Öulen의 아버지는 Dey Setsen이라는 유명한 귀족이었고 몽골 홍기라드 지방의 지도자였다.

하고, 정직하고 공정하며, 개인의 명성을 돌보고, 다른 사람을 돕고 돌보고, 올바른 친구를 선택하고 우정에 충실하도록 교육하는데 최대한 관심을 기울였다. 아이들은 또한 믿음직하고, 관대하고, 겸손하고, 예의 바르고, 인내하고, 신뢰할 수 있고, 충성스럽고, 충실하고, 탐욕과 악의에 빠지지 않는 사람으로 자랐다. 부모 자신이 높은 도덕성을 위한 역할 모델이 되려고 노력했으며 자녀가 묻는 모든 질문에 확실히 답할 것이다.[188] 1893년에서 1938년 사이에, 몽골에서 35년을 보낸 스웨덴인 프란스 아우구스트 라르손(Frans August Larson)은 이렇게 썼다. "어쨌든 아이들이 이해할 것이라고 믿는 것은 긍정적일 것이다. 이러한 전통적인 가족 양육은 칭기스 칸의 미래 생활에서 중요한 역할을 했다."

천재 몽테스키외가 쓴 다음은 생각의 양식이다. "만약 주민들이 사교적 기질을 가지고 있고, 마음이 열려 있고, 명랑하고, 취향과 생각을 전달하는 데 재능이 있고, 명랑하고 상냥하며, 때로는 경솔하고 때로는 무분별하고, 게다가 용기가 있는 나라가 있다면, 관대함, 솔직함, 명예에 대한 어떤 개념을 가지고 있다면, 미덕에 제약을 가하지 않는 한 누구도 법으로 예의를 지키려고 노력해서는 안 된다."[189]

---

188 라르손(F. A. Larson), 몽골리아, 그가 몽골인들 사이에서 보낸 해…, A. Tserenchuluun에 의해 독일어를 몽골어로 번역… 수정 번역된 제2판…, 울란바토르, 2015, 40면.
189 몽테스키외, 앞의 책, 269면.

4. 도덕은 보호가 필요

개인이 탐욕, 학대, 복수, 질투, 악의, 속임수, 무례 및 고의로부터 도덕적으로 사람들을 보호하는 것은 거의 불가능하다. 탐욕과 악의는 순식간에 파괴를 일으킬 수 있으므로 화재보다 훨씬 위험하다. 불은 물로 덮어 끌 수 있다. 그러나 탐욕과 악의는 길들일 수도, 정복할 수도 없다. 대초원에서 산불이 난후, 풀이 더 풍성해진다. 탐욕과 악의에 삼켜진 사람의 마음에 좋은 것이 다시 자라나겠는가? 칭기스 칸이 "발밑에서 골칫거리가 되는 메꽃과 가시덤불을 제거하고 초원에는 압생티움(absinthium) 쑥과 가시덤불을 재배하지 말라."[190]는 명령을 내린 적이 있다. 칭기스 칸이 이 명령을 내린 것은 사람들의 정신과 마음에 유독성 잡초가 자라는 것을 막아야 한다는 뜻이 아니든가? 그래서인지 몽골 제국 시대에 널리 퍼졌던 '*Erdeniin san subashid*' 책에는 "세상에는 악이 너무 많고, 악한 사람과 친구가 되는 것보다 치명적인 것은 없다."[191]고 쓰여 있었다.

이러한 관점에서 볼 때, 도덕적인 사람들을 보호하고, 사회의 대부분이 높은 도덕적 자질을 갖도록 보장하고, 도덕이 부패하는 것을 방지하고 사회에서 정의를 확립하기 위해 칭기스 칸은 강제와 강압으로 복귀해야만 했고, 부도덕한 사람들

---

190 연대기 개론, 453면

191 Saja Bandid Gungaajaltsan, *Treasure Fund Subashid*, Monsudar, 울란바토르, 2009, 52면.

의 극악무도한 범죄를 처벌하고 그들 자신이나 사회에서 신뢰받는 선출된 사람들을 통해 그들로 인해 야기된 피해를 완화하는 것은 합법적이다. 약 2,500년 전에 아리스토텔레스는 "...... 입법자들은 습관 형성으로 잘 발달한 사람들이 그러한 영향력에 주의를 기울일 것이라는 가정하에, 입법자들은 귀족의 동기로 사람들을 미덕으로 자극하고 그들을 앞으로 나아가도록 촉구해야 한다."[192]라고 썼다. 그는 또한 "......불순종하고 열등한 사람들에게 형벌과 처벌이 부과되어야 한다."[193]고 썼던 것은 본질적으로 강압의 한 형태인 법의 도움으로 미덕 또는 도덕이 강화되고 보호되어야 함을 의미한다. 이것은 법의 도움을 받아 사회적 관계를 규제하고 국가라고 하는 특별히 구조화된 시스템을 통해 법을 준수하고, 정의를 확립하도록 촉발했다. 도덕성이 높은 사람들은 국가 관리의 임금으로 사용되는 세금과 공물을 자발적으로 지불하고 그 대가로 국가가 도덕을 지키고 사회에 정의를 확립하기를 기대했다. 따라서 인류 역사에서 국가의 진화로 이어진다. 국가는 정의의 집행자에 지나지 않는다. 이것은 몽골인들이 국가와 그 깃발에 대해 경의를 표하는 이유를 설명한다.

---

192 아리스토텔레스, 니코마코스 윤리학, B. Dash-Yondon이 러시아어로 번역, 울란바토르, 2007, 319면.
193 위의 책, 319면.

5. 황금 혈통에 권력의 고삐가 주어진 이유

몽테스키외 남작은 인간 사회가 통치되어야 한다고 주장했는데, 이는 이미 앞에서 언급한 바 있다. 그렇다면 몽테스키외가 쓴 정부란 무엇인가? 이에 대해 약 2,500년 전 공자는 정직이 권한이라고 썼다. 누군가가 정직하고 올바르게 있다면 다른 사람들이 감히 부정직하고 신뢰할 수 없을까?[194] 공자는 또한 "귀족이 도를 행하면, 그 아래에 있는 자가 감히 욕되게 하지 않고, 귀족이 도를 지키면 그 아래에 있는 자가 감히 이를 무시하지 못한다."[195]라고 하였다. 공자의 해석은 한 나라의 지도자가 사회에서 도덕성을 유지하는 데 특별한 책임을 진다는 것을 의미한다.

지금까지 몽골인들이 초기부터 황금 혈통(Golden Lineage) 중에서 칸을 선택한 이유는 비밀로 남아 있다. 이는 국가의 지도자들이 가문의 배경, 가문의 양육, 가문의 이상, 가문의 교육을 통해 도덕성을 높이 평가하게 되었기 때문이다. 이것이 몽골 사회에서 엘리트가 형성된 방식이다. 몽골에서 35년을 보낸 스웨덴인 라르손(F. A. Larson)은 다음과 같이 썼다. "나는 서쪽에서 동쪽으로, 남쪽에서 북쪽으로 여행했고, 여러 곳의 고위 인사들의 환대를 받았다. 나는 아버지에서 아들에 이르기까지 한 가족의 여러 세대에 의해 관리되었던 많은 아이막(aimag)과 khoshuu (카나테와 깃발)에 대해 잘 알고 있다.

---

194 공자, 앞의 책, 119면.
195 위의 책, 123면.

나는 또한 그들의 젊은 후계자들을 알고 있다. 전국과 많은 아이막을 여행하는 동안 나는 백성보다 개인적인 이익을 우선시하는 귀족 세 명을 만났다. 지정된 통치 기간에 사람들에게 현명하고 정직한 서비스를 제공하는 것은 몽골 귀족의 혈족과 일족의 피에 달려 있다."[196] 912년 당시 몽골에는 거의 150개의 khoshuu(배너)[197]가 있었다고 상상해 보시오. 모든 국가와 국가는 미래의 지도자를 사회의 엘리트와 구별할 수 있는 능력이 있어야 한다. 엘리트는 대를 이어 조국과 민족을 위해 자신을 희생한 높은 도덕의식을 가진 사람들로, 민족의 평화를 삶의 의미로 여기는 사람들이다. 그들은 크게 생각하는 사람들이다.

페르시아 역사가 유바이니(Juvaini)는 13세기에 칭기스 칸이 "······ 적은 수의 병력과 아무런 설명도 없이 단 한 사람으로 출격하여 동쪽에서 서쪽으로 지평선의 영주를 축소하고 정복했다."[198]라고 썼다. 유바이니는 왜 칭기스 칸이 동쪽에서 서쪽으로 지평선의 군주를 축소하고 정복했다고 생각했을까?

---

196 F. A. Larson, *Mongoleitoch mitt liv bland Mongolerma*, (몽골과 몽골에서 보낸 세월), A. Tserenchuluun, 독일어를 몽골어로 번역, 수정된 번역을 사용한 두 번째 출판, 울란바토르, 2015, 17면.

197 20세기의 몽골, 제2판, Monsudar Publishing, 울란바토르, 2012, 18면.

198 Juvaini, 앞의 책, 24면.

제**6**장

전투 없이 동쪽에서 서쪽을 정복한 이유

1. 엘리트 뿌리

칭기스 칸의 선조들은 대를 이어 조국인 몽골을 위해 헌신하고 이 일에 대해서는 두말할 나위도 없는 사람들이었다. 칭기스 칸의 3대만 예로 들면, 그의 아버지 예수가이 바타르(Yesukhei Baatar)가 가장 큰 몽골 부족 중 하나인 Taichuud의 지도자임을 알 수 있다. Yesukhei Baatar의 아버지는 Bartan Baatar였다. 그의 아버지는 카불 칸(Khabul Khan)이었다. 카불 칸은 "중세 몽골 부족과 씨족(Ниргуун Монгол)"[199]을 통합하고 칸을 선포했다. 몽골 비사에는 "카불 칸이 모든 몽골을 다스렸다."[200]라고 기록되어 있다. 카불 칸은 그의 후계자가 그의 남동생 Ambagai가 되기를 원했다. Ambagai Khan은 Khabul Khan의 아들 Khotula Khan이 계승했다. Khamag Mongol의 위대한 칸들은 칭기스 칸의 혈족이었다.

칭기스 칸의 선조들은 본질적으로 소비문화와 인류 문명의 화려한 생활양식을 미화하지 않았다. 그들은 도덕성이 높

---

199 도부 메르겐의 죽음 이후 남편이 없어 임신을 하게 된 알룬 구아(Alun Gua)가 낳은 보돈차르(Bodonchar)에서 유래한 몽골 부족.
200 몽골비사, para. 52.

앉고 위대하고 깊은 사상가였다. 평판에 관한 한, 그들은 그것에 대해 흔들리지 않는 유일무이한 믿음을 가지고 있었다. 그들에게 이기주의와 허영은 낯선 개념이었다. 칭기스 칸의 선조들은 Khabul, Ambagai와 Khotula이다. 몽골인들은 칸이 **텡게리(Tenggeri: heaven)**로부터 특별한 권한을 받았다고 믿었다. 위대한 칸들은 어린 시절부터 도덕과 미덕이 더럽혀지지 않았고 순수한 환경에서 자랐다.

칭기스 칸의 선조들과 그 이후, 칸들의 황금 혈통은 모두 혈족이었다. 그들은 높은 도덕성을 가지고 있었다. 그 비결은 바로 가정 교육이었다. 그 핵심에는 도덕 교육과 지성에 대한 존중이 있었다. 어떤 행동을 하든 엄격한 도덕적 행동 아래 사는 것이 황금 혈통의 법칙이었다. 이것이 몽골 사회의 엘리트 계층이 형성된 방식으로 그들의 삶의 가장 높은 목적은 조국을 적으로부터 보호하고, 보호하며 국민의 삶을 행복하고 평화롭게 만드는 것이었다. 국가의 고삐를 관리하는 위대한 칸은 이 엘리트 집단에서 태어났다. 이 전통은 칭기스 칸에도 계승되었다.

칭기스 칸은 "나의 칙령을 바꾸거나, 펼치거나, 소홀히 하거나, 그릇되게 행하지 않는 내 아들 중 하나가 내 뒤를 이을 것이다. 오고데이(Ogodei)[201]에게 건초에 말려도 소에게 먹히지 않고, 기름에 싸여도 개가 먹지 않는 자식이 있다면, 내

---

201 칭기스 칸은 살아 있는 동안 셋째 아들 오고데이(Ogodei)가 왕위를 계승할 것이라고 생각했다.

친족에서 좋은 아들이 한 명이라도 태어날 것이다."[202] 이것으로 위대한 칸은 그의 혈족 중에서 가장 높은 도덕성을 가진 최고의 자식만이 왕위를 계승해야 한다는 것을 의미했다. 황금 혈통의 이러한 승계 관습은 몽골 국가의 오랜 전통이 되었으며, 수 세기 동안, 근면하게 지켜졌다. 사람들은 위로부터 온 **텡게리(Tenggeri)**의 명령이라고 믿고, 이 관습을 인정했으며 심지어 대왕의 자리를 차지하려는 어떤 계획을 감히 가지고 있는 황금 혈통 외부의 누군가를 강력하게 반대했다. 한 가지 예를 들어 보겠다. 1437년 Oirads의 Togoon[203]이 칸이 되려고 했을 때, 그는 사람들의 강한 반대[204]를 받았고 그는 계획을 포기할 수밖에 없었다.

사람들은 그들의 위대한 칸이 신의 사도(God's messenger)라고 믿었다. 그 당시 몽골인들은 그들만의 믿음과 신념을 가지고 있었기 때문이다.

2. 믿음은 자연스러운 것

몽골인들은 옛날부터 **텡게리(Tenggeri)**를 숭배했다. 고대 몽

---

202 몽골비사, para. 255.
203 토군은 가장 영향력 있는 오이라드 지도자 세 명 중 한 명인 바카무(Bakhamu)의 아들이었다. 1409년에 박하무는 만주청 제국의 왕이라는 칭호를 받았다. 토군은 1417년 아버지의 뒤를 이어 4개의 오이라드를 통치했다.
204 명 왕조의 역사, 타타르족의 논문, 오이라드의 논문, 우리안카이 세 보초 등, 고대 중국어를 몽골어로 번역한 Natsagdorj Ariungua의 논평, 울란바토르, 2015, 24면.

골인들은 그들의 통치가 텡게리의 선물이라고 믿었다. 몽골의 통치는 종교에서 그 근원을 찾았다. 사실 믿음은 자연스럽고 인간의 마음과 정신의 일부이다. 그리고 이것은 종교이다. 종교란 무엇인가? 종교는 신의 가르침을 따르는 것을 의미한다. 그리고 신의 가르침은 무엇인가? 신의 가르침은 남을 죽이지 말라, 도둑질하지 말라, 욕하지 말라, 부모를 공경하라, 선배를 공경하라, 거짓말하지 말라, 시기하지 말라, 몸과 마음의 독을 멀리하라는 것이다. 도덕적으로 해석하면, 신의 가르침은 단순히 정의, 명성, 수치심, 동정심, 상식을 의미한다. 이것은 Tenggeri, Gautam Buddha, Moses, Jesus, Muhammad도 믿었다. 칭기스 칸 자신은 **텡게리**를 믿었지만, 다른 모든 신념과 종교를 동등하게 존중했다. 칭기스 칸 시대에 몽골에 대해 언급한 마르코 폴로는 다음과 같이 썼다. "몽골인들은 부처님의 가르침을 믿고 따르는데, 사람이 이생에서 선행을 하고 남을 배려하는 삶을 살면, 이 사람의 영혼은 새롭고 더 높은 형태를 취하여 텡게리로 가는 축복을 받을 것이지만, 그 사람이 악행에 가담하려고 한다면, 그 사람의 영혼은 더 나쁜 형태를 취하여 마녀와 악마가 될 것이다.[205]"

칭기스 칸은 몽골의 통치자가 되었을 때, "나는 나의 용맹과 용기 때문에 칸이 된 것이 아니라, 어버이 **텡게리**(Tenggeri) 때문이었다, 나는 유난히 잘해서 칸이 된 것이 아니라, 어버이

---

205 Ronald Latham, 마르코 폴로의 여행, O. Burenjargal, 영어를 몽골어로 번역, Bolor Sudlal 출판사, 울란바토르, 2012, 225면.

텡게리 때문이었다"라고 말했다. 이것이 "*Jami al-Tawarikh-Compendium of Chronicles*(연대기 개요)가 이와 관련하여 쓴 것이다."[206] 칭기스 칸은 "영원하신 텡게리의 명령으로 우주의 통치자가 되었고, 그동안 불가능에 가까운 육체적 정신적 고통을 겪었고 압도적인 어려움에 직면했지만, 모두 그의 결단력과 인내력으로 극복되었다. 그는 점점 더 강해져 황제의 자리에 올랐고, 많은 선행을 성취하여 가장 높은 왕좌의 축복을 받았고, 그는 이 우주의 모든 사람을 제자리에 놓을 수 있었다."[207] 이것으로 판단하면, 텡게리 신은 테무진(Temujin)에게 권력을 부여해서 칸으로 만들었다고 믿었다. 권력이 무엇인가?

3. 신뢰는 권력이다

권력은 특별한 권리, 과도한 돈, 막대한 재산, 무력과 강압의 사용으로 해석된다. 이 모든 것에도 불구하고, 때때로 권력은 쓸데없는 경향이 있다. 그러므로 권력은 인민의 신뢰에 기반한다. 신뢰가 없으면 권력이 없다는 뜻이다. 권력은 일종의 신뢰이다. 지배자가 인민의 신뢰를 얻지 못하면, 권력이 없어진다는 의미이다. 신뢰가 클수록 권력이 크다. 권력과 신뢰는 서로 연관되어 있다. 칭기스 칸은 결코 권력에 대한 욕망을 갖지 않았다. 왜냐하면, 조국과 민족을 위하여 온전히 바쳐야 할 가

---

206 Altan Tobchi, 98면.
207 연대기 개요, 제1권, 225면.

장 무거운 짐을 자신이 짊어져야 할 책임을 알고 있었기 때문이다. 따라서 그는 칸의 역할을 맡는 것을 공개적으로 반대했다. 그는 그의 가족 중에 이 무거운 책임을 더 잘 짊어질 수 있는 훨씬 더 경험 있고, 노련하고, 신뢰할 수 있고, 나이가 많은 사람들이 있다는 것을 알고 있었다. 사실 위대한 칸의 왕좌는 권력의 술통과 비슷하다. 언제 터질지 아무도 모른다. 그렇게 되면, 상상을 초월하는 대혼란을 일으킬 수 있다.

칭기스 칸은 황금 혈통을 위대한 칸으로 선포하자는 제안에 강하게 반대했다. 그리고 그는 예수헤이 바타르(Yesukhei Baatar)의 남동생, 즉 그의 삼촌인 다리다이(Daridai)에게 칸이 되라고 요청했다.

다리다이가 제안을 거부하자, Khotula Khan의 아들 Altan Otchigin이 제안을 받았지만, 칭기스 칸도 거부하자, 예수헤이 바타르의 형인 네군 타이지Negun Taiji의 아들 Khuchir Bekhi에게 요청했다. 그는 네군 타이지를 설득할 수 없었다. 그리고 최후의 수단으로 그는 칭기스 칸의 할아버지 바르탄 바타르(Bartan Baatar)의 형인 Okhinbarkhag의 손자 Sacha Beki에게 접근했지만, 다시 성공하지 못했다. 그는 황금 혈통들에게 "내가 너희들에게 칸이 되라고 권유한 것이 효과가 없었기 때문에 너희들이 칸이 되라고 했을 때, 나는 칸이 된다." 라고 말했다.[208]

칭기스 칸 이전에는 아버지의 뜻을 거스르는 몽골의 아들

---

208 몽골비사, para. 179.

이 없었고, 형의 말을 덜 아끼는 동생이 없었고, 아내를 믿지 않는 남자가 없었고, 남편을 거스르는 아내가 없었고, 며느리를 사랑하지 않은 시어머니가 없었고, 시어머니를 사랑하지 않은 며느리가 없었고, 후배가 선배의 말을 듣지 않는 경우가 없었다. 또한, 귀족들은 신민을 무시하지 않았고 그들에게 무자비하지 않았다. 부자들은 부를 축적했고, 당국은 무력과 폭력을 통해 자신들의 권력과 권위를 강화할 생각은 하지 않았다. 강압이나 형벌이 없었기 때문에 강도, 약탈자, 사기꾼들은 제멋대로 돌아다니며 사람들을 집에서 쫓아내고, 약탈하고 죽이고, 그들의 짐승과 말을 훔치고 도살했다.[209] 이기적인 개인적 이익에 따라 움직이는 이들 강도, 약탈자, 사기꾼들은 무력과 처벌을 사용하거나 무력을 사용하겠다는 위협을 통해서만 제지될 수 있었다. 만약, 강압과 처벌이 불가능했다면, 그들은 파리처럼 증식하여 몽골 사회를 더욱 약화하고 붕괴시켰을 것이다. 그러한 시기에 등장한 칭기스 칸은 국가 권력이 힘과 강압을 의미할 뿐만 아니라 신뢰를 의미하고, 그 기반을 둔 것임을 분명히 이해시켰다. 신뢰가 있으면, 힘을 사용할 수 있다. 그래야만 국가가 있을 수 있다. 칭기스 칸을 신뢰하는 사람들이 늘어나고 늘어나면서 그의 권력도 커지기 시작했다. 이런 방식으로 *Jami al-Tawarikh* '연대기 개요'에 언급된 것처럼 칭기스 칸은 엄격한 야삭(yasag)을 통해 백성들 사이에 법과 질서를 세웠다.

---

209 연대기 개요, 제2권, 447~48면.

4. 신뢰

칭기스 칸은 자신의 가장 신뢰할 수 있는 성기사인 Boorchi, Zelme, Mukhulai, Zev, Subeedei와 같은 가장 신뢰할 수 있는 사람들과 함께 자신을 둘러싸는 데 성공했다. 신뢰는 누군가 또는 사물의 신뢰성과 그것을 배신하지 않는 능력에 대한 확고한 믿음이다. 신뢰는 권력, 힘과 부로 만들어질 수 없다. 신뢰는 정직, 대담한 의지, 명성, 탐욕이 아닌 친절, 충성을 통해 천천히 점진적으로 형성될 수 있다. 칭기스 칸은 동지와 친구들을 믿었고 그들의 신뢰를 배신하지도 않았다. 칭기스 칸이 어떻게 신뢰할 수 있었는지, 한 가지 예를 든다. 올루그 바타르는 그의 부족원들과 함께 칭기스 칸을 만나 그와 연합하였고, 칭기스 칸은 그들의 기대에 부응하기 위해 최선을 다하겠다고 말했고[210] 결코 자신의 말을 철회하지 않았다.

전쟁터에서 실종된 칭기스 칸의 아들, 오고데이를 수색했지만 실패했다. 모두가 걱정하고 놀랐다. 칭기스 칸의 가장 신뢰받는 측근인 부르치(Boorchi)와 보로쿨(Borokhul)은 은 오고데이와 함께 남겨졌다. 칭기스 칸은 다음과 같이 말했다. "부르치와 보로콜은 진정한 친구로서 오고데이와 함께 남아 있다. 살든지, 죽든지 어떻게 서로 헤어질 수 있겠는가?"[211] 얼마 지나지 않아, 보로쿨이 입가에서 피를 흘리며 오고데이

---

210 Akim, 논문 개요, 1권, 251면.
211 몽골비사, para. 172, 번역: Igor de Rachewiltz, The Australian National University, 87면.

뒤에 올라탔다. 오고데이는 목에 화살을 맞았고 피가 응고되는 동안 보로쿨은 상처에 막힌 피를 빨아들여 그의 입가에 피가 흘러내렸다. 이 장면을 본 사람들은 모두 놀라지 않을 수 없었다.

자무카의 운명[212]과 텝 텡게리(Teb Tenggeri)[213]는 신뢰를 배반한 소수의 전우가 어떻게 목숨을 잃었는지를 여실히 보여준다. 칭기스 칸은 무녀 텝 텡게리가 그의 조상처럼 마음이 좋고 도움이 될 것이라고 믿었기 때문에 그를 가장 신뢰하는 동지로 만들었지만, 텝 텡게리는 칭기스 칸의 형제자매들 사이에 근거 없는 비방을 퍼트리기 시작했는데, 이는 그들 사이에 분열을 일으키려는 부와 권력에 대한 욕망 때문이었다. 그러나 그의 배신적인 계획은 중단되었으며, 이는 전체 몽골인들에게 진정으로 중요한 교훈이 되었다.

칭기스 칸과 형제애를 맹세하여 평생 믿음직한 동료로 남겠다고 맹세한 자무카는 그이 쇠퇴로 이어졌고, 결국 다섯 동료만 남게 되었다. 그들을 함께 산속 동굴에 피신하였지만, 자무카의 다섯 동료는 그를 배신하여 칭기스 칸 앞에 그를 데려갔다.

칭기스 칸은 이 행동에 오히려 분노하여 이렇게 말했다: "정당한 칸에게 손을 얹었던 사람들을 어떻게 살려 둘 수 있을까? 그런 사람들이 어떻게 동료로 간주할 수 있을까? 그들

---

212 몽골비사, paras. 200~201.
213 몽골비사, paras. 244~246.

의 칸에 대항하여 손을 든 자들을 그들의 모든 친척과 함께 처형하게 하라." 그리고 그들은 자무카의 면전에서 처형당했다.[214] '몽골비사'에 언급된 바와 같이 칭기스 칸을 배신한 적이 된 옹(Ong) 칸의 외아들 셍굼은 그의 기사 코코추에 의해 사막에 버려졌다. 칭기스 칸은 이렇게 말했다. "이런 식으로 영주를 버리고 여기에 온 기사 코코추 자신이 이제 그런 사람을 믿고 그를 동료로 삼을까?" 칭기스 칸은 그를 베고, 시체를 버렸다.[215] 신뢰는 정직을 구하는 엄격한 요구 사항이다.

5. 정의

칭기스 칸의 의심할 여지없는, 정직성과 공정성은 신뢰를 바탕으로 강력한 세력을 창출하는 데 중요한 역할을 했다. 칭기스 칸은 자신의 가정교사에게 보낸 초청장에서 "나는 북쪽의 대평원에 살고 있으며, 적절한 배려를 통해 정의와 공평을 확립했다."[216]고 썼다. 칭기스 칸의 마음속에는 "사람이 정직하고 올바르면 나라의 일을 돌보는 것이, 어려운 일이겠느냐?"라는 고대 철학적 교훈이 새겨져 있었다. 자신도 정직하고 바르게 만들지 못하는데 어떻게 다른 사람을 정직하고 바르게 만들 수 있을까?"[217] 칭기스 칸은 금장칸국(Golden Horde,

---

214 몽골비사, para. 200.
215 몽골비사, para. 188
216 진인 찬충의 서쪽 여행, 도교 조사 Qiu Chuji 또는 Changchun Zi, 125면.
217 공자, 비평, 기사, M. Chimegtseye, 중국어를 몽골어로 번역, 울

킵차크 칸국)의 구성원부터 시작하여 군 관리, 일반 군인과 신하들에 이르기까지 명확하고 공평하며 엄숙한 태도로 진심으로 정직하고 정의로울 것을 촉구했다. 그는 모든 면에서 공정하고 정의로운 모든 것을 장려하는 사람이었다. 칭기스 칸은 역사상 가장 공정한 국가를 설립했다. 칭기스 칸은 누군가를 고위 공직에 승진시키고 특별한 권한을 부여할 때, Sorkhon Shar, Boorchi, Zelme, Mukhulai, Zev, Subeedei, Chuu Mergen (Yelu Chusai), Borokhul 및 그의 성기사의 정직성과 고의성을 우선시하였고 Shikhikhutag와 다른 사람들은 모두 이러한 교정을 거쳤다.[218] 몽골의 독일 학자는 바크만(U. Barkmann)은 그의 저작에서 연구를 통해 칭기스 칸의 혈족이 고위직에 거의 봉사하지 않았다고 지적했다.[219]

잘못으로 인한 피해는 처벌을 통해서만 정상화될 수 있다. 모든 잘못된 행위를 징벌하는 칭기스 칸의 독특한 능력은 공정한 국가를 세우는 결과를 낳았다. 이는 마르코 폴로가 칭기스 칸 통치의 정직성과 공정성이 다른 국가와 민족이 자발적으로 그의 통치에 동의하는 방식이라는 취지의 그러한 특성에 관해 쓴 내용에 의해 입증된다.[220] 칭기스 칸은 부정직이 평생의 상처를 남길 수 있다는 사실을 사람들의 마음과 정신

란바토르, 2013, 125면.

218 S. 나랑게렐, 앞의 책, 31~33면

219 Udo Barkmann, 몽골 역사와 정치 문제에 관한 기사, 울란바토르, 2013, 423면.

220 마르코 폴로의 여행, 147면

에 각인시키는 데 성공했으며, 온 세상의 의미에서 진정한 정의를 확립할 수 있었다. 칭기스 칸 자신도 인생에서 성취하는 사람은 정직한 사람이라는 계율을 확고히 따랐다.[221] 정의는 흔들리지 않는 결단을 통해서만 확립될 수 있다.

6. 흔들리지 않는 결단력

칭기스 칸에게 불굴의 의지는 몽골인들이 굳건히 설 수 있도록 도왔고, 흩어져 있는 유목 부족과 씨족을 모아 엄격한 규율과 법, 질서가 있는 제국을 건설했다. 칭기스 칸의 대담한 용기와 관용은 몽골인들에게 행운을 가져왔다. 많은 민족과 국가가 탐욕을 원칙으로 삼는 오만한 왕과 왕자들을 몰아낼 수 있었던 것은 칭기스 칸의 대담한 용기 덕분이었다. 내부의 적대 세력과 이들 세력을 그들의 지도하에 두는 그들의 후원자를 추격하며, 칭기스 칸은 동양과 서양을 연결하는 수백, 수천 마일을 여행했으며 유목민 몽골인은 수많은 국가, 사람들, 다양한 문화와 문명에서 정의의 수호자로 변모했다. 비겁함과 이기심은 불의를 낳고 조장한다. 정의는 결단력과 용기를 요구하는 가치이다. 칭기스 칸의 제국은 명예와 명성을 바탕으로 확고히 세워졌기 때문에 강력했다.

---

221 Altan Tobchi, 앞의 책, 25면.

7. 명예와 명성

칭기스 칸은 "이 몸은 약할 수 있지만 존경받는 명예와 명성은 영원하다."라고 말하면서 명예와 명성이 무엇인지에 대한 자신의 견해를 매우 뚜렷하게 표현했다.[222] 오염된 평판은 아마도 10년, 심지어 수백 년 동안 장기적인 결과를 초래할 수 있다. 또한, 다른 사람의 사랑과 존경을 얻은 미래 세대가 이미 훼손된 명예를 회복하기 어려울 가능성이 매우 높다. 칭기스 칸이 "나의 미래 세대인 여러분은 열심히 노력하여 얻은 명예와 명성을 흠 없이 키우고 지키도록 노력하라."라고 분명히 촉구한 이유가 바로 여기에 있다.[223] 여기서 칭기스 칸은 자신의 이름과 명성을 의미할 뿐만 아니라, 건국된 국가가 명예와 명성에 확고한 기반을 두고 있음을 의미했다.

몽테스키외(Montesquieu)는 명예와 평판에 관해 쓴 그의 저서 '법의 정신(*The Spirit of Laws*)'에서 다음과 같이 언급했는데, 즉 "명예는 정치 체제의 모든 부분을 움직이게 하고, 그 자체의 작용으로 이들을 연결한다. 따라서 각 개개인은 자신의 이익을 증진하는 것만 생각할 때도 공공의 선을 발전시킨다."[224] 그는 명예가 허위라고 언급하며, 더욱 나아가 "영광과 찬사 외에는 다른 보상 없이 가장 어려운 행동을 하도록 남자들에게 강요하는 것이 너무 가혹하지 않은가?"[225]라고 강조

---

222 몽골비사, Ts. Damdinsuren 번역, 울란바토르, 2009, 161면.
223 Altan Tobchi, 울란바토르, 1990, 104면.
224 몽테스키외, 앞의 책, 42면.

했다. 국가의 평온은 국가의 명예와 명성에 직접적으로 달려 있다. 사람들은 칭기스 칸을 '영원한 하늘'에서 태어났고, '텡 게리의 아들'로 숭배하고 믿었으며, 그에 따라 그에게 주어진 권능도 영원한 하늘에서 온 것이라고 믿었다. 영원한 하늘이 부여한 권능은 국가의 명예와 명성에 더 많은 영예를 안겨준 다는 사실이다. 그러므로 칭기스 칸과 권력을 공유하거나 빼 앗으려는 음모나 시도가 전혀 없었다. 13세기에는 몽골뿐만 아니라, 전 세계가 권력은 하늘로부터 이루어진다고 믿었고, 이것이 바로 칭기스 칸이 자신의 국가 구조를 견고하고 흔들 리지 않는 방식으로 만들 수 있었던 이유이다. 흥미로운 점은 공화국이 가장 민주적이고 고전적인 정부 형태라고 믿었던 샤를 드 몽테스키외가 군주제에서는 왕이 그들에게 의존하기 때문에 관리들이 심하게 부패하는 것은 흔하지 않으며, 반란 의 선동자들이라고 썼다는 것이다. 그리고 반란은 군주제를 파괴할 생각도 하지 않으며, 그렇게 할 수도 없고 노력하지도 않는다.[226] 몽테스키외는 왜 군주제에서 관료들은 부패하지 않는다고 썼는가?

8. 그는 정말 탐욕스럽지 않았다

이미 많은 글이 쓰여 있었고, 심지어 오늘날에도 칭기스 칸은 그의 탐욕스러운 성격과 수집욕으로 인해 전쟁과 침략을 벌

---

225 몽테스키외, 앞의 책, 42면.
226 위의 책, 42면.

이고 숨겨둔 부와 재산과 전리품을 고국으로 가져왔다. 예를 들면, 미국 인류학자 잭 웨더포드(Jack Weatherford)는 "칭기스 칸은 대초원 칸 역사상 유례없는 규모로 물건을 자기 백성에게 가져오는 능력을 보여주었다."라고 말했다."[227] 독일 학자 바크만(Udo B. Barkmann)은 다음과 같이 썼다. "몽골 군대는 금나라 전쟁에서 엄청난 양의 전리품을 얻었고,[228] 그리고 이슬람 제국과 엄청난 양의 부를 그들의 모국인 몽골 땅에 쏟아부었다."[229] 칭기스 칸과 그의 후손들이 외국에서 약탈하고, 훔친 전리품으로 표면적으로 이 나라에 가져온 부와 보물 중 단 한 조각도 현재 몽골 영토에서 발견되지 않았다.[230] 칭기스 칸은 욕심이 없었기 때문에 모두가 신뢰했다. 예수헤이 바타르가 살아있을 때, 그에게 아부했던 한 몽골 부족의 지도자는 높은 신분의 가문 출신인 예수헤이가 타타르족에게 독살 당한 후, 그의 신하 및 모든 가축 동물과 함께 고아가 된 아이들과 함께 오에룬(Oelun)을 버렸다.[231] 테무진은

---

227 잭 웨더포드(Jack Weatherford), 칭기스 칸과 현대 세계의 형성, 앞의 책, 99면.

228 금 제국이란 독일 학자 Udo B. Barkmann이 금 왕조를 의미했을 가능성이 높다.

229 우도 바르크만(Udo Barkmann), 몽골 역사와 정치 문제에 관한 기사, 울란바토르, 2013, 112면.

230 S. 나랑게렐, 앞의 책, 135면.

231 Yesukhei Baatar의 친할아버지는 Bartan Baatar였다. 그의 아버지는 카마그 몽골 연맹의 수장인 카불 칸(Khabul Khan)이었다. Khabul Khan의 아버지는 Baishinkhor의 아들인 Tumbinai Setsen이었다. 그의 아버지는 카마그 몽골족의 추장인 카이두 (Khaidu)였다. 그의 아들은 Khachi Khulugu이고 아버지는 Menen Tudun이었다. 그의 아버지는 하비치 바타르(Khabichi

어머니를 도와 동생들에게 먹일 산딸기와 물고기를 수집했고, 때로는 동생들을 위해 자기의 몸을 희생하기도 했다. 이것이 바로 테무진이 욕심 없이 양육되고 자란 이유이다.

테무진은 자신의 가벼운 갈색 거세마 여덟 마리를 도난당해 완전히 길을 잃고 절망에 빠졌는데, 테무진을 진심으로 도와준 낯선 이름의 부르치(Boorchi)를 만났다. 테무진은 "내 친구여, 당신이 없었다면, 나는 결코 이 말들을 되찾을 수 없었을 것이다. 이들을 얼마나 가져갈지 말해 봐."라고 했는데, 부르치가 "네가 지쳐 도착했을 때, 나는 너를 좋은 친구로 생각했고, 너를 좋은 친구로 도와주겠다고 생각했다. 나는 당신의 동반자로 왔다. 내가 어떻게 이런 일로부터 이익을 얻을 수 있겠는가?"[232]라고 답하였다. 부르치의 솔직함은 테무진에게 너무나 깊은 인상을 주었기 때문에 그는 진정한 우정이 탐욕과 소유욕보다 훨씬 중요하다는 사실을 평생 기억할 것이다.

칭기즈 칸은 조국의 안전과 안보를 위해 전쟁과 전투를 벌이는 동안 부와 전리품을 추구하지 말라는 칙령을 내렸다. 카불 칸(Khabul Khan)[233]의 아들 알탄(Altan), 쿠트라 칸(Khutula khan)[234]의 아들 쿠치르 베키(Khuchir Bekhi)와 칭기즈 칸의 삼촌[235] 다리다이 오치곤(Daridai Otchigon),[236] 그

Baatar)였다. 그의 아버지는 Alan Gua의 막내 아들인 Bodonchar 였다.

232 몽골비사, para. 92.

233 Khabul khan은 Yesukhei Baatar의 할아버지인 Bartan Baatar 의 아버지였다.

234 쿠툴라 칸은 바르탄 바타르의 남동생이자 카불 칸의 아들이다.

리고 황금 혈통에서 가장 영향력 있고 평판이 좋은 사람들 가운데 일부가 칭기스 칸의 명령을 거부하였을 때, 칭기스 칸은 그들의 전리품을 압수하였다. 이 정당한 행동에 원한을 품은 알탄과 쿠치르는 칭기스 칸과 떨어져 그의 적인 옹(Ong) 칸과 합류했지만, 나중에 목숨을 잃었다. 알탄 칸이 퇴각한 후, 칭기스 칸은 알탄 칸이 남긴 보물과 재산을 수집하기 위해 다른 두 명의 귀족과 함께 식히쿠탁(Shikhikhutag)을 보냈다. 알탄 칸의 보물을 지키는 수호자는 세 사람에게 호의를 구하며, 그들에게 호화로운 선물을 주었다. 식히쿠탁과 동행한 두 귀족은 선물을 받았다. 집에 돌아온 후 칭기스 칸이 왜 식히쿠탁이 선물을 가져가지 않았는지 묻자 식히쿠탁이 "그 귀중품들은 예전에는 알탄 칸의 것이었는데 지금은 칭기스 칸의 것이다. 내가 왜 이 부를 비밀리에 빼앗아야 합니까?" 식히쿠탁의 이 반응은 칭기스 칸에게 깊은 인상을 주었고, 칭기스 칸은 그를 도덕적인 사람으로 칭찬했고, 나머지 두 귀족은 처형당했다.[237]

칭기스 칸은 만족할 줄 모르는 탐욕이 정의의 결을 거스르고 이를 훼손한다는 점을 이해했으며, 불법적인 수단으로 부와 권력을 소유하는 것은 하늘에 떠다니는 구름과 같다는 고대 철학적 속담을 믿었다.[238] 칭기즈 칸의 스승인 찬춘은 "사

---

235 그는 칭기스 칸 측 친척 중에서 가장 연장자였다.
236 옷치곤(Otchigon)은 몽골어로 가계를 이어가는 막내아들을 뜻한다.
237 라시드 알딘(Rashid al-Din), 연대기 개요, 앞의 책, 342면.
238 공자, 앞의 책, 78면.

람이 돈과 재산에 굴복하면, 행운이 퇴화할 것이라고 경고했다."[239] "악의 어미인 탐욕은 정의를 훼손하고 파괴하며, 칭기스 칸은 황금 혈통의 구성원들이 헤아릴 수 없는 탐욕에 빠지는 것을 극도로 엄격하게 통제했는데, 이는 칭기스 칸이 '이기적인 욕망이 없으면'이라는 철학적 교리에 충실했기 때문이고, 부를 위해 다른 사람들은 결코 그들에게서 훔치려고 하지 않는다는 것을 의미했다."[240]

칭기즈 칸은 금나라 사신의 수많은 알현 요청을 마침내 수락했다. 사절은 그의 황제가 칭기스 칸에게 높은 칭호를 부여하고, 그에게 귀중한 선물을 보냈다고 말했다. 칭기스 칸은 사신을 바라보며, 가볍게 미소를 지으며 말했다. 나는 재능이 없고 지적으로도 그리 똑똑하지 못하지만, 당신 왕국의 주인께서 나를 매우 높이 평가하셨으니 나는 그에게 얼마나 감사한지 표현할 말이 없다. 이 모든 귀중한 선물의 주인이다. 나의 조국은 예로부터 절대적 진리를 믿었으므로 공허한 이름과 공허한 직함과 명예는 가치가 없다. 내 조국의 철학은 순수한 진실에 기초하고 있으므로 이 모든 금과 부에 대한 소유권을 얻는 것은 금기시된다.

금나라 사신은 남방의 풍습을 지키며 칭기즈 칸에게 금, 보석, 비단, 비단의 가치를 설득하려고 애썼으나, 몽골 칸은 웃

---

239 진인 찬청의 서쪽 여행, 도교 조사 Qiu Chuji 또는 Changchun Zi, 101면.

240 공자, 앞의 책, 119면.

으며 대답했다. "우리는 그들에게 많은 가치를 부여하지 않는다. 그러나 우리가 소중히 여기는 유일한 것은 주인은 정말 친절하고 성실해야 하며, 신하들은 시키지 않고 노력해야 한다는 것이다. 주인이 탐욕스럽고, 관리들이 교활하고 탐욕스럽고, 오직 물질적 부와 개인적인 즐거움만을 추구한다면 어떻게 될까? 이 모든 칭호와 명예, 금과 부, 비단은 인민의 평화와 안온을 바라는 나, 나라가 강하고 정직하기를 바라는 나, 백성이 행복하기를 바라는 나에게는 아무 소용이 없다.[241] 금나라 사신은 가지고 온 모든 금과 보석을 가지고 집으로 돌아갈 수밖에 없었다.

탄구트(Tangut) 황제와 주헤드(Jurched) 황제는 함께 진주로 가득 찬 커다란 금속 접시를 칭기스 칸에게 선물로 보냈다. 칭기스 칸은 그 선물을 자신의 것으로 여기지 않았다. 얼마 지나지 않아 탕구트족은 대몽골 제국에 항복했다.[242] 칭기스 칸은 자신의 통치가 약탈적이지 않도록 지킬 수 있었다. 칭기스 칸 통치 기간에 국가 재산과 부의 횡령은 전혀 존재하지 않았다. 한 가지 사실은 칭기스 칸의 아홉 성기사 중, 한 명인 추 메르겐(Chuu Mergen, 옐루 추사이: Yelui Chusai)이 대황제가 죽은 후, 국가 재산을 횡령했다는 죄로 처형되었다는 것이다. 그의 집을 수색한 결과 책과 경전, 악기, 시와 그림, 약초에 관한 책 외에는 의심스러운 점은 발견되지 않았

---

241 푸른 연대기(The Blue Chronicle), 58면.
242 Rashid al-Din, 연대기 개요, Vol. 1, 앞의 책, 402면.

다. 추 메르겐은 몽케(Mongke) 칸 통치 기간에 사후 재신임
되었다.

9. 그는 정직했다

칭기스 칸은 거짓말을 하지 않았고, 이중 기준을 가지지 않았
으며, 항상 말을 실천했고, 이러한 특성이 그를 강하고 강력
하게 만들었다. 황금 혈통의 구성원들은 테무진이 칸으로 즉
위했을 때, 다음과 같이 말했다. "전투의 날에 우리가 불순종
하면 우리를 여왕과 아내로부터 분리하여 우리의 검은 머리
를 땅에 던질 것이다. 평화로운 날에 우리가 당신의 교훈을
무시한다면, 우리를 우리 남종과 아내와 자녀에게서 쫓아내
어 광야로 쫓아내시오."[243] 사차(Sacha)[244], 베키(Beki)[245], 타
이추(Tatchu)[246], 겡기시드(Genghisid) 또는 황금 혈통의 구
성원들이 충성 맹세를 어겼을 때, 칭기스 칸은 그들에게 "예
전에는 우리가 동의한 것이 무엇인가?"[247]라고 물었고, 그들
은 맹세를 기억하고 질식사에 처했다.[248] 맹세를 어긴 자에
대한 칭기스 칸의 이러한 사형은 당시 사람들의 등골을 오싹

---

243 몽골비사, para. 123.
244 칭기스 칸의 친할아버지 바르탄 바타르의 형의 손자.
245 베키(Beki)는 대초원 귀족의 칭호로 장남이나 부족의 지도자에
게 부여되었다.
246 칭기스 칸의 친할아버지 바르탄 바타르의 손자.
247 몽골 비사(*The Secret History of the Mongols*), Igor de
Rachewiltz 번역, 호주대학교, 2015, para. 136.
248 고대 몽골인들은 칸과 관련된 귀족을 처형할 때 피를 흘리지 않
는 전통이 있었다.

하게 했다.

칭기스 칸은 국가의 통치자인 위대한 칸이 감히 척할 수 없으며 발언하는 모든 말이 진실이어야 한다고 굳게 믿었다. 그는 "칸의 행동과 행위에는 약간의 속임수도 있어서는 안 된다. 왜냐하면, 모든 단어 하나하나가 진실을 전달해야 하고, 그래야만 이것이 칸에게 합당한 행위가 될 것이기 때문이다." 라고 말했다.[249] 위대한 칸이 진리를 믿었듯이, 그의 백성들은 오직 진리에만 복종했다. 이것이 바로 마르코 폴로가 몽골인을 "주인과 칸에게 충성스럽다."라고 특징지운 한 이유이다.[250]

칭기즈칸이 "저 산맥 꼭대기에서 화살이 날아와 내 노란 군마의 목덜미를 하얀 입으로 부러뜨렸다. 산꼭대기에서 [그 화살]을 쏜 사람은 누굴일까?"[251]라고 물었다. 칭기스 칸과 연합하기 위해 온, 소르콘 샤르(Sorkhon Shar)와 함께 온, 한 젊은 전사는 "내가 산 정상에서 화살을 쏘았다. 만약, 내가 칸에게 죽임을 당한다면, 나는 손바닥만 한 땅바닥에 썩어 버려질 것이다."라고 말하였다. 칭기스 칸은 원한의 기미 하나 없이 "원수였던 사람이 이전에 살인과 적대적인 행동을 했을 때, '자신의 몸을 숨기고 혀를 숨긴다'는 것이 두렵다. 그러나 이 사람은 자신의 살인과 적대적인 행동을 숨기지 않았다. 오히려 그

---

249 Vanchinbalyn Injinash, *The Blue Chronicle*, 고전 몽골어 문자의 음역, Sh. Choymaa의 서문 및 해설, M.Bayarsaikhan, 울란바토르, 2009, 282면 (이하 '푸른 연대기'라고 함).

250 마르코 폴로의 여행기, 앞의 책, 154면.

251 칭기스 칸은 자신이 부상한 사실을 숨기고 자기의 말이 상처를 입었다고 말했다고 한다.

사실을 알려주었다. 그는 동반자로 삼아야 할 사람이다. 그의 이름은 조가다이(Jirqo'adai)이지만, 그가 하얀 입으로 내 황갈색 군마의 목뼈에 화살을 쏘았기 때문에 나는 그를 제브(Zev)라고 부르고 그를 나의 제브 화살로 사용할 것이다."[252] 그리고 그에게 칭기스 칸 옆으로 걸어가라고 명령했다. 제브는 무릎을 꿇고, 칭기스 칸의 숨은 의도를 인정하며 존경을 표했고, 그들은 평생의 동반자가 되었다. 이 행위를 목격한 사람들은 이에 관해 이야기하며, 의리를 최우선으로 생각했다고 한다.

칭기즈 칸이 법처럼 고수한 충성심은 몽골인뿐만 아니라 외국인들의 마음과 정신을 사로잡을 수밖에 없었다. 한 번의 전투에서 금나라의 무장이 3일 동안 싸웠다. 혼자서 몽골군을 상대로 용감한 전투를 벌였다. 칭기스 칸은 이 사령관을 생포하라고 명령했다. 금나라 사령관이 칭기스 칸보다 먼저 나왔을 때, 칭기스 칸이 그에게 "왜 그렇게 치열한 경쟁 속에서 나와 맞서 그렇게 용감하게 싸웠는가?"라고 물었을 때, 장군은 "나는 어려서부터 가난하게 태어났으나 금나라의 인애로 이런 높은 공을 세워 장군이 되었다."라고 대답했다. 이제 내가 적 앞에 포로로 섰을 때, "조국을 위한 나의 죽음은 다음 세대에게 큰 위업으로 기억될 것인데, 그렇지 않았다면, 수치심의 상처가 될 죽음을 내가 왜 두려워 하겠습니까?"라고 답했다. 칭기스 칸은 희미한 미소를 지으며 말했다. "금나라에서 그렇

---

252 몽골비사, para. 147.

게 용감하게 싸운 군인이 없었으니, 당신의 지식과 기술에 대한 존경심에서 당신을 생포하여 큰 공훈을 세웠으니 나에게 지휘관이 있으니, 당신의 이름이 푸른 연대기(*The Blue Chronicle*)에 기록될 것이다. 군사령관은 높은 직위에 오르고, 사자 머리의 황금 인장을 받고, 군사 2만 명을 받고, 산수 지방의 통치자가 되었으며, 충성심으로 큰일을 성취하고 칭기즈 칸의 칙령을 명예롭게 처리했다."[253]

러시아 학자 N. S. 트루베츠코이는 1925년에 쓴 그의 저서 '칭기즈 칸의 유산(*The Legacy of Genghis Kahn*)'에서 "칭기즈 칸이 국가나 부족을 장악할 때마다, 그는 진심으로 존경하고 이전 주인에게 전적으로 충성했던 사람들에게 아낌없는 선물을 주고 관계를 맺었다. 패배하기 직전까지, 자기의 행동이 자신과 자신의 생명을 위협하더라도 마지막 순간까지 충성을 다했다. 그토록 충성스럽고 믿음직하며 오래가는 사람들은 칭기즈 칸이 꿈꾸던 국가 통치에 봉사할 수 있는 모든 자질을 갖추고 있었기 때문이다. 칭기즈 칸이 높이 평가한 그러한 사고방식을 가진 사람들은 안전과 모든 좋은 것보다 자신의 개인적 명성과 고상한 자질을 더 중요하게 생각한다. 그들은 자신의 생명과 행복을 위협하는 사람들을 부끄러워하지 않을 것이지만, 자신의 명예와 자존심이 조롱당하고 면전에서 치욕을 당할 때만, 부끄러워할 것이다. (조롱당하거나, 칼에 죽는 경우). 그들의 양심은 항상 특별한 법과 질서에

---

253 푸른 연대기, 앞의 책, 12~13면.

의해 지배되기 때문에 그들은 항상 인간 행위를 존중하고 정직하게 대하는 방법을 알아야 한다."[254]라고 언급했다. 친절함은 칭기즈칸의 천재성을 입증한 가장 큰 미덕 가운데 하나였다.

10. 친절

친절은 칸의 지혜를 표현하는 칸의 고귀한 특성이다. 친절은 폭력, 위협, 협박에 의지하는 독재주의와는 대조적으로 다른 사람들을 끌어들이는 건설적인 힘이자, 긍정적인 에너지이다. 친절은 다른 사람의 마음과 정신을 압도할 수 있는 특성이다. 칭기스 칸의 통치에 복종했던 한 부족의 지도자가 그를 버리고 자기의 병사들과 함께 칸에 대항하여 반란했다. 두 명의 노장이 반란을 진압하라는 명령을 받았지만, 두 노장 중 한 명은 건강이 좋지 않다고 불평했다. 이 상황에 대해 칭기스 칸이 들었을 때, 그는 약간의 생각 끝에 보로쿨(Borokhul)을 병든 노장을 대신하도록 임명했다. 보로쿨은 이 결정에 대해 알게 되었을 때, 메신저에게 "칸 경에게 나를 상기시켰습니까, 아니면 칸 자신이 그렇게 결정했을까?"라고 물었다. 그들은 "그렇게 명령한 사람은 칸 자신이었다."라고 말했다. 보로쿨 노장은 "나는 칭기스 칸의 행운의 별 아래로 갈 것이다. 그러나 나는 다른 사람을 대신하여, 내 피를 흘리겠다."라고 선언하

---

254 N. S. Trubetzkoy, 앞의 책, 9면.

고 아내와 아이들을 칸의 보호에 남겨둔 채, 반란을 진압하기 위해 떠났다. 그는 전투에서 목숨을 잃었다. 칭기즈 칸은 보로쿨 노장이 자신에 대한 충성심을 알고 있다는 것을 알았을 때, 보르쿨의 죽음과 고아가 된 그의 자녀들을 한탄했다. "저도 마음이 상한 고아들과 같은 심정이다. 나는 인생이 끝날 때까지 그들을 돌볼 것이다." 칭기즈 칸은 약속을 지켰으며,[255] 고아의 보상을 소개했다.[256]

칭기즈 칸은 자신의 권위에 복종하는 모든 국가와 부족에게 친절하고 동정적이었다. 그는 결코 어떤 사람도 고국에서 추방한 적이 없으며, 그들을 차별하거나 미워하거나 낙인찍지 않았다. 대칸은 다른 나라와 민족에게 몽골인의 생활 방식을 강요하지도 않았다. 그는 다른 제국, 국가, 민족의 생활 방식, 종교, 신념, 관습, 문화 및 전통을 임의로 침해하지도 않았다. 대칸의 후손들 역시 대칸의 친절과 자비에 진실하고 충실했다. 이에 대해 마르코 폴로는 다음과 같이 썼다. "대칸은 매년 관리를 보내 그의 신민 중 누구라도 악천후, 폭풍우, 폭우, 메뚜기, 벌레 또는 기타 전염병으로 인해 옥수수 작물에 피해가 있었는지 확인하고 그러한 경우에 그는 그 해의 일반적인 조공을 징수하는 것을 삼갈 뿐만 아니라, 그들의 땅에 파종하는 것은 물론 생존에 필요한 만큼의 곡물을 그의 곡물 창고에서 그들에게 제공한다. 마찬가지로 어느 지역에서든 가축이

---

255 Rashid al-Din, 연대기 개요, 앞의 책, 345~346면.
256 몽골비사, paras. 217~218.

죽는 경우, 그는 다른 지역에서 생산물의 10분의 1로 받은 자신의 소유로 고통받는 사람들에게 손실을 보상한다. 그는 불행을 겪은 사람들에게 세금을 면제해 준다. 그는 그들이 그들의 일을 회복할 수 있도록 지원을 제공한다."[257] 또한, 그는 대칸이 그의 신민들에게 다량의 쌀, 곡물, 기장(panicum) 등을 분배했다고 썼다.

칭기스 칸이 안락한 환경에서 살았지만, 불행으로 가난해졌거나 질병으로 인해 생계를 위해 일할 수 없거나 어떤 종류의 곡물도 조달할 수 없는 존경할 만한 가족에 대해 알게 되었을 때, 그러한 상황에서 가족에게 그는 그 해의 소비에 필요한 것을 제공한다. 대칸이 가난한 사람들에게 베푸는 이 놀랍고도 놀라운 관대함 때문에 사람들은 모두 그를 신으로 숭배한다.[258]

대칸의 친절에 대해 마르코 폴로는 계속해서 "그는 안정적 환경에서 살았지만, 불행으로 인해 가난에 빠진 존경할 만한 가족이 있다는 소식을 듣자마자 …… 관례에 따라 궁궐을 관리하는 고관들 앞에 모습을 드러냈고, 관리들은 당해 업무를 처리하는 궁전에 거주하며, 그들은 전년도에 지급한 금액을 기록한 보고서를 제출하며 보고서에는 현재 지급되는 금액도 포함된다. 그는 같은 방법으로 10분의 1에 해당하는 양모, 비단, 대마로 의복을 마련한다. 그는 이러한 재료를 사용하여 다

---

257 마르코 폴로의 여행기, 앞의 책, 212면.
258 위의 책, 216면

양한 종류의 천을 엮었고, 그 목적을 위해 지어진 집에서 모든 장인은 대칸의 위해 일주일에 하루 일해야 했다. 이렇게 제조된 재료로 만든 의복은 위에서 설명한 가난한 가족들에게 겨울용과 여름용 드레스로 필요한 만큼 주라고 명령한다. 또한, 칭기스 칸은 그의 군대를 위해 옷을 마련해 놓았으며, 각 성에는 그곳에서 징수하는 십일조에서 지급하는 양의 모직물이 있다."[259]라고 썼다.

칭기스 칸은 단순했고, 자신과 가까운 사람들과 친척들에게 결코 경멸을 표하지 않았으며, 기쁨과 슬픔을 그들과 함께 나누곤 했다. 외국인들은 이런 칭기스 칸의 단순한 성격이 황금 혈통 구성원의 유전자에 전수된 사실을 주의깊게 관찰해 왔다.

11. 단순하고 겸손한 칭기스 칸

칭기스 칸은 몽골의 대칸으로 등극한 후에도 오만해지지 않았다. 그는 자신이 남들과 다르다거나 더 우월하다고 생각하지 않았고, 자신을 중심으로 사이비 종교를 창설하지도 않았다. 그는 오만하고, 거만해지지 않았다. 그는 자신이 원하는 대로 행동하지 않았다. 그는 믿을 만하고 진실한 동료들의 말을 들었다.

칭기스 칸은 부어치(Boorchi)와 무크라(Mukhula)에게 다

---

259 마르코 폴로의 여행기, 앞의 책, 216면.

음과 같이 말했다. "너희 두 사람은 나에게 옳은 일을 하라고 촉구했고, 나쁜 일을 하지 말라고 설득하여 나로 하여금 이 왕좌를 얻게 하였다."[260] 이것은 칭기스 칸이 자신이 신뢰하는 동료들의 말을 거스르지 않았으며, 동료들도 두려움 없이 그에게 마음을 열었음을 보여주는 예이다. 칭기스 칸은 공허한 칭찬과 아첨에 빠져들지 않았다. 간단히 말하면, 그는 자기의 모습과 자신이 대표하는 바를 그대로 유지했다.

칭기스 칸은 강력한 팀을 구성했다. 그 팀은 하나의 신념으로 뭉쳤다. 그리고 그 신념은 국가와 국민을 위해 끝까지 버티고 있었다. 이 신념은 부, 권력, 개인적인 관계 및 강압에 기초한 것이 아니다. 이것에 대한 명확한 예시는 칭기스 칸이 자기의 친척을 자신의 제국에서 높은 지위로 승진시키지 않았다는 것이다. 그의 동생 하사르(Khasar), 불구테이(Bulgutei), 테무게 오치긴(Temuge Otchigin), 아들 주치(Juchi), 차가아다이(Tsagaadai), 오고데이(Ogodei), 톨루이(Tolui)는 모두 큰 공덕을 갖고 다른 누구보다 엄청난 노력을 기울였음에도 불구하고, 88명의 뛰어난 공덕자에도 포함되지 않았고, 보상도 받지 못했다. 이 88명의 뛰어난 공로자들은 타타르(Tatars), 부족 연합으로서 Mergeds, Khereids 및 Taichuuds와 같은 적대적인 씨족과 Onguud, Oirad, Iqeres, Khongirad 및 Gorlos와 같은 다른 부족, 심지어 Sartuul, Khitan, Jurche,

---

260 몽골비사, para. 205.

중국 및 Tanguts과 같은 외국인 출신이었다.[261]

칭기스 칸은 바르며 남에게 신경 쓰는 사람이었다. *Jami al-Tawarikh*(연대기 개요)에 언급된 바와 같이, 그는 자신과 함께, 사냥갔던 모든 사람(200명 이상)과 자신의 사냥한 먹이를 아낌없이 공유했다. 집에 돌아와서 그들은 칭기스 칸에게 감사를 표하고 서로 이렇게 이야기했다. "타이추드(Taichuud)는 우리를 버리고 우리를 돌보지 않았는데 테무진(칭기스 칸 이름)은 우리에게 너무나 많은 동정심을 보여주었다. 정말 자기 백성을 위한 위대한 대왕이다. 그들은 이 생각을 다른 모든 부족과 공유했다."[262]

12. 배신을 개탄한 칭기스 칸

역사적 자료에 따르면, 칭기스 칸은 배신과 불충을 매우 싫어했다고 한다. 칭기스 칸은 어떤 나라나 부족을 통치할 때마다, 그는 패배하기 직전까지 자신의 행위가 자신과 생명에 위협이 되더라도 끝까지 자신의 국가, 영주, 통치자에게 전적으로 충성한 사람들을 고려하고 높은 지위에 오르기까지 했다. "Quanan, Kokocus, Degei와 Old Usun은 보고 들은 것을 나에게 숨기지 않은 네 명이다. 이 네 사람은 믿을 만하지 않은가?"[263]라고 칭기스 칸이 말을 하며 그들을 만 명의 지휘관으

---

261 몽골비사, para. 202.
262 *Jami al-Tawarikh*(연대기 개요), 첫 번째 출판, 앞의 책, 251면.
263 몽골비사, para. 210.

로 삼았다. 타양 칸이 기습 공격을 하여 거의 완전히 패배했을 때, 그의 남은 병사들 중 몇몇은 칭기스 칸의 병사들과 끝까지 싸웠다. 칭기스 칸은 산 채로 포로로 잡도록 명령했지만, 타양 칸의 병사들은 죽는 것을 두려워하지 않았다. 칭기스 칸은 그들의 용기와 충성심을 보고 "당신에게 그러한 영웅들이 있다면 왜 걱정하는가?"라고 말했다.[264]

칭기스 칸은 불충하고 배신한 사람은 누구나 엄하게 처벌했고, 당시 몽골인들은 등이 굽어 있었다. 칭기스 칸은 소년이었을 때, 타이추드의 지도자 타르구다이(Targudai)에게 붙잡혀 고통을 받았다. 그는 국민에게 "테무진(칭기스탄 이름)에게 각 캠프에서 차례대로 하룻밤을 지내도록 허용하고 그에게 음식을 주지 말라."라고 명령했다. 자무카(Jamukha)와 함께 칭기스 칸과 싸웠을 때, 패배한 후 타르구다이[265]가 탈출할 때, 그는 Nichugut Baarin의 노인 Shirgeet에게 붙잡혔고 그의 두 아들은 그를 칭시스 칸 앞으로 데려가는 대신 그를 풀어주었다. Shirgeet와 그의 두 아들이 칭기스 칸에게 왔을 때, 그들은 "우리는 타르구다이를 붙잡고 (그를 당신에게) 데려오고 있었다. 그러나 우리의 정당한 칸을 본 후, 우리는 자신에게 이렇게 물었다: 어떻게 그를 죽게 할 수 있을까? 우리는

---

264 라시드 알딘(Rashid al-Din), 연대기 개요, 앞의 책, 315~316면.
265 타르구다이는 오논 호수와 케룰렌 강 주변 땅에 살았던 타이추드(Taichuud)라는 몽골 부족의 지도자로, 칭기스 칸의 아버지 예수게이(Yesukhei)의 조상이다. Targudai는 Yesukhei의 5대 할아버지인 Khaidu의 증손자였다.

그를 버릴 수 없다, 우리는 그를 석방하고 돌려보냈다, 우리는 칸에게 당신을 섬기고 싶다."라고 말했다. 이에 대해 칭기스 칸은 "당신이 당신의 칸인 타르구다이(Targudai)에게 손을 얹었다면, 당신의 정당한 칸에게 손을 얹었다면, 나는 당신과 당신의 일족을 모두 처형했을 것이다. (그러나) 당신은 당신의 정당한 칸을 버릴 수 없었다. 당신의 마음은 옳았다."[266]라고 이렇게 말하면서 그는 Shirgeet 노인과 그의 아들들에게 호의를 보였다. 칭기스 칸이 원한을 품고 복수를 추구하는 사람이었다면, 그는 이런 말 대신에 "그를 왜 풀려나게 하고, 석방되었는가? 내가 어렸을 때, "나를 학대했던 타르구다이를 처형했을 것이다. 이제 내가 너를 칼날에 처하게 하라."라고 말했을 것이다.

칸과 귀족, 주인과 친구를 배반하고 이중 잣대 외에는 아무것도 모르는 아첨한 사람들이 칭기스 칸에게 적지 않게 복종하였지만 그는 결코 그들에게 그를 섬기게 하거나 어떤 식으로든 격려하지 않았다. 칭기스 칸의 동지, 친구, 그리고 그의 통치에 동의한 부족 중 그 누구도 그를 배신하지 않았다.

13. 학식 있는 자들에게 의지한 대칸

칭기스 칸은 학식 있는 사람들에 의존하여 세계에서 가장 큰 제국을 건설하는 데 도움이 되었다. 칭기스 칸은 자신의 가정

---

266 몽골비사, para. 81.

교사에게 보낸 편지에서 "학식 있는 사람들과 학자들을 의지하여 세계 전역에 평화와 평온을 가져오고 싶다."라는 소망을 표현했다.[267] 그는 궁정에 중국, 거란, 위구르, 티베트 등 여러 나라의 학자와 학식 있는 사람들을 두어 그들의 지식과 지성을 즐기고 배웠다. 칭기스 칸의 9명의 장군 중, 한 명인 예루추사이(Yelu Chusai) 또는 츄 메르겐(Chuu Mergen)은 키단족이었고, 위구르 타타퉁가(Uygur Tatatunga)의 서기관이자, 외교 정책 고문으로 일했던 옐루이 아하이(Yelui-Ahai)도 키단족이었다.

북방칠진(The Seven True Daoists of the North: Běi Qīzhēn) 가운데 가장 유명한 찬충(Chanchung)은 칭기스 칸의 궁정으로 입각하여, 국정을 자문했다. 칭기스 칸은 조상의 가치와 미덕, 민족 전통의 관점뿐만 아니라 동양의 가치와 미덕의 관점에서도 문제를 다루었다. 왜냐하면, 그는 항상 옆에 있는 사람들로부터 배웠고, 그들에게서 그들의 지식을 배웠기 때문이다. 이들 학식 있는 사람들 가운데 일부는 정직, 정의, 충성, 타인에 대한 사랑과 배려의 중요성을 보여주는 유교 정신에 헌신했다.

칭기스 칸의 스승인 찬충은 진리의 덕을 터득한 사람이었다. 찬충은 칭기스 칸의 여러 권유를 받아들여, 넓은 강과 높은 산, 모래사막과 넓은 대초원을 건너고 모든 어려움을 감수

---

267 진인 찬충의 서쪽 여행, 도교 조사 Qiu Chuji 또는 Changchun Zi, 앞의 책, 19면.

하며[268] 칭기스 칸의 궁정에서 그와 그의 방대한 지식 중 일부
도 함께 나누며 지냈다.

---

268 찬충은 1219년 12월 18일 산동에 있는 그의 집을 떠나 몽골 영
토를 통과하고 위구르, 알마타, 타슈켄트, 사마르칸트의 수도인
베스발리크를 횡단한 후 1222년 5월 15일 아프가니스탄 카불 근
처에서 칭기스 칸을 방문했다.

제7장
칭기스 칸의 법칙에 대한 무관심

1. 아주 똑똑한 법

19세기 말부터 20세기 초까지 몽골에서 35년을 살았던 스웨덴 F. A. 라르손은 칭기스 칸이 "매우 영리한 법을 만들었다는 사실을 망각했다."[269]라고 썼다. 라슨이 왜 칭기스 칸의 법칙을 세계적으로 중요한 현명한 법칙으로 여겼는지 이해할 수 있었으면 얼마나 좋을까?

1252년 5월부터 1253년 9월까지 몽골 제국의 중심인 카라코름(Kharkhorum)에 살았던 페르시아 역사가 유바이니(Juvaini)는 칭기스 칸을 포함하여 몽골에 대한 정보를 수집하면서 다음과 같이 썼다. "이렇게 많고 강력한 적들과 막강하고 잘 조직된 적들이 있었는데, 그 각각은 중국 황제의 칭호 중 하나를 페르시아어로 번역한 '마르코 폴로의 파그푸르(*Ther Facfur of Marco Polo*)'였다. 당시 호스로 왕(Chosroes)은 병력이 적고 설명도 없는 한 사람으로 출격하여 동쪽에서 서쪽으로 지평선의 군주를 축소하고 정복했다."[270] 그는 또한

---

269 A. Larson, 몽골인 사이에 살고 있는 몽골인, (몽골과 몽골인 사이에서 보낸 기간), A. Tserenchuluun, 독일어를 몽골어로 번역, 수정된 번역이 포함된 두 번째 출판, 울란바토르, 2015, 54면

다음과 같이 언급했다. "…… 칭기스 칸은 지혜와 총명으로 그의 모든 동족들로부터 구별되었으며, 정신의 기민함과 절대적인 권력으로 그를 세계의 모든 왕들 위에 올라갔다. 그래서 고대의 강력한 호스로 왕의 관행에 관해 기록된 모든 것과 칭기스 칸이 파라오와 카이사르의 관습과 관습에 관해 기록한 모든 것은 자신의 마음의 페이지에서 발명되었다.……"[271] 유바이니의 이 마지막 메모는 사람들의 큰 관심을 끌고 있다. 유바이니는 칭기스 칸의 지혜와 총명으로 다른 모든 왕과 구별되고 법을 창안했다는 점을 지적함으로써 아마도 칭기스 칸의 높은 도덕 표준을 언급한다. 실제로 유바이니의 아버지는[272] 칭기스 칸의 막내아들 톨루이의 셋째 아들인 일칸 왕조의 훌레구 칸의 뒤를 이어 아르군 칸 밑에서 대신을 지냈다.

아마도 칭기스 칸의 도덕을 암시한 마르코 폴로는 "칭기스 칸의 통치가 공평하고 몽골 국민들에게 축복이라고 본 다른 나라 사람들이 자발적으로 그의 아래로 모였다."라고 썼다. 짧은 시간 안에 그의 추종자와 지지자들이 늘어나 전세계를 지배하였다."[273]

동양학자인 Paul Ranchevskii는 역사가와 여행자들의 기록을 통해 칭기스 칸의 법칙이 몽골인의 도덕성에 가져온 놀

---

270 Ala al-Din, Ata Malik Juvaini, 세계 정복자의 역사, John Andrew Boyle 번역, 1958, 24면
271 Juvaini, 앞의 책, 23면
272 William Woodville Rockhill, *The Journey of William of Rubruck to the Eastern of the World*, London, 1900, 21면 인용.
273 마르코 폴로의 여행기, 앞의 책, 147면

라운 변화를 결정할 수 있는 가능성을 우리에게 주었다고 지적했다.[274]

2. 칭기스 칸의 법칙을 찾아서

학자와 연구자들은 **야사크(Yasaq)**, **잌 야사크(Ikh Yasaq)**, **야사(Yasa)**라는 용어에 대한 연구를 계속해 왔으며, 이를 통해 몽골 비사(The Secret History of the Mongols), *Jami al-Tawarikh* 연대기 개요, 위안의 역사, 고려 왕조의 역사 및 Zhao Hung, Carpini, Juvaini, Rubruck, al Maqrizi의 여행 노트에서 언급된 법적 틀을 의미하는 아이디어를 선택했다. 즉, 다양한 기록에서 이 용어를 적용한 후기 학자들은 이 용어를 Ikh Yasaq 또는 Great Yasaq으로 언급하기 시작했다.[275]

학자들은 칭기스 칸의 법칙을 기록하는 작업이 페티스 드 라 크로아(Petis de la Croix)[276]가 쓴 '*The History of Genghiscan the Great*'라는 책 제목에서 시작되었다고 믿는다. 페티스 드 라 크로아가 프랑스 루이 14세의 도서관에서 읽었던 페르시아어 번역 문서에 기록된 야사라는 용어가 칭기스 칸의 법률을 편집한 것이라고 결론지었던 것이다.[277]

---

274 Paul Ranchevskii, 칭기스 칸, 그의 삶과 유산, L.Monkh-erdene 몽골어 번역, 울란바토르, 2006, 142면.

275 B.Chimid, 당, 국가 및 법률 개혁의 민감한 문제, 2권, 울란바토르, 2008, 140~142면.

276 N. Tsogt, 칭기스 칸의 법칙, N. Maralmaa 몽골어 번역, 울란바토르, 2015, 9면.

277 Petis de la Croix, *The Histroy of Genghiscan the the Great*,

동양학자 K. d'Ohsson은 자신의 저서 '몽골 역사'에서 페르시아와 아랍 자료에 언급된 바와 같이 야사라는 단어에 대해 수많은 기록[278]을 남겼다. 이집트 아랍 역사가 알 마크리지(al Maqrizi)는 이집트 연대기(*The Chronicles of Egypt*)라는 책에서 야사(Yasa)에 관한 유명한 이야기를 썼다.[279] 얼마 지나지 않아 1826년에 al Maqrizi의 주석은 Silvestre De Sacy에[280] 의해 각주와 주석과 함께 번역되었으며, 이는 야사(Yasa)의 본질에 대한 최초의 연구[281]로 간주되었다. 후기 연구자들은 모두 이 책을 사용했다.

유명한 러시아 동양학자인 N. I. Berezin(1819~1895)은 1892년에 al Maqrizi와 페르시아, 아랍 및 아르메니아 언어의 **야사(Yasa)** 노트를 편집하여 야사라는 용어가 법을 의미한다고 언급했다.[282] 그 후 V.A. Ryazannovskii는 Berezin의 야사 메모를 바탕으로 야사가 법률의 편집물이라는 견해를 표명했다.[283]

London, 1722, 79~88면.

278 K. d'Ohsson, 몽골의 역사, Ch. Baatar가 러시아어를 몽골어로 번역, Monsudar 출판, 울란바토르, 2014, 253~256면.

279 Al Maqrizi, *Kitab al-Mawaiz wa al-'I'tibar bi dhikr al-khitat wa al-'athar*, 2 Vols., Bulaq, 1854.

280 De Sacy, *Chresthomathie arabe II*. Paris, 1826.

281 N. Tsogt, 칭기스 칸의 법칙, N.Maralmaa 번역, 앞의 책, 10면.

282 N. I. Berezin, *Feature Articles of the Internal Structure of the Juchieyav Ulus* (Очерк внутренного устройства улус Джучиева), Works of Varao 4, VIII, St. Petersburg.

283 V. A. Ryazanovskii, *Customary Law of the Mongol Tribes*, Harbin, 1929 (Монголчуудын хууль цаазын дурсгал бичг үүдийн түүхэн тойм Их Засаг Хууль), Улан-Батор, 2009, 9면.

저명한 학자 베르나드스키(Vernadsky)는 현대 법적 분류에 따라[284] 이전 학자들의 야사(Yasa) 주석을 해석했으며 내몽고의 사이샤알(Saishaal)[285]과 몽골학자 민진(Ts. Minjin)도 유사한 방법을 적용했다.[286]

'몽골 법률 및 입법의 역사 개요'에는[287] 앞서 언급한 내용을 '대 야사(Great Yasa)'라는 하나의 제목으로 정리했다. 일부 몽골 학자들에 따르면, 비밀사(*The Secret History*)와 언급된 다른 기록에서 간접적으로 언급된 바와 같이, 대 야사(Great Yasa)라는 용어의 수는 누적 22에서 160으로 증가했으며 앞으로도 더 늘어날 가능성이 있다.[288]

교황 이노센트 4세의 특사인 지오반니 피안 데 카르피니(Giovanni de Pian de Carpini)와 같이 앞서 언급된 일부 출처의 저자는 이미 앞서 언급한 몽골의 이른바 '위협'을 의도적으로 부풀렸다. 피안 데 카르피니는 자신의 저서 '몽골사'에서 "칼로 가마솥에서 고기를 꺼내면 처형될 것이다. 목이 막힌 사람은 끌려나와 무자비하게 벌을 받는다. …… 뼈를 다른 뼈로 쳐서 부러뜨리는 것, 우유나 음료수, 음식을 땅에 던지는

---

284 N. Tsogt, 칭기스 칸의 법, N. Maralmaa, 몽골어 번역, Ulaanbaatar, 2015, 9면.

285 Saishaal, 칭기스 칸의 역사, 1권, 울란바토르, 2010, 393~421면.

286 T. S. Minjin, 위대한 야사: 역사, 법적 분석, 울란바토르, 2009, 87~289면.

287 몽골 법률 및 입법의 역사적 개요, 제1권, 1206-910, 울란바토르, 2010, 309면.

288 B. Chimid, 일 야사 법 조사 (Их засагийн хуулийг эрэн сурв алжлах нь), 국제학술회의 논문집, 울란바토르, 2015, 23면.

것을 금기시하며, 감히 그런 짓을 하는 자들은 고의로 처형됐다."고 썼다.[289] 또한, "칼로 불을 가리키거나, 어떤 식으로든 칼로 불길을 만지거나, 가마솥에서 끓는 고기를 칼로 꺼내거나, 불 근처에서 장작을 자르면 처형될 것이다."[290]라고 적혀 있었다.

그에 따르면, 그러한 규칙은 칭기스 칸에 의해 만들어졌다. 만약 몽골인들이 이런 법을 갖고 있다면, 몽골인들은 인구가 줄어들 것이고, 그러한 행위로 인해 사람들이 처형된다면 그들은 사라질 것이다. 피안 데 카르피니가 쓴 것과 마찬가지로 K. d'Ohsson도 다음과 같이 썼다. "그는 물과 재에 소변을 보는 것, 불타는 불 위를 걷는 것, 그릇, 식기 및 음식 위를 걷는 것, 흐르는 물에 손을 넣는 것을 엄격히 금지했고 법에서는 강에서 물을 솥으로 떠야 하고, 옷은 빨지 않고 찢어질 때까지 입어야 한다고 규정했다."[291] 칭기스 칸의 법칙이 이런 식이었다면 몽골인들은 어떻게 세계제국을 세웠겠는가?

일부 학자들은 대 야사(Great Yasa)가 서면으로 작성된 법령의 체계적인 법전(code of law)임을 증명하려고 노력하고 있다. 그러나 1870년경에 쓰여진 *Khokh Debter*(청서)라는

---

289 *Gerchichte der Mongolen and Teiseberich 1245~1247*, Plano Carpini uberselzt und erlautert von Friedrich Rishch, Leipzig, 1930, S. 111.

290 위의 책, S. 73.

291 D'Ohsson, *Historie des Mongols depuis Tchinguiz khan jusqu'a Timour bey ou Tamerlan*, Vol.1, Mongolian translation from Russian by Ch. Baatar, Monsudar, 2015, 253면.

역사서에 따르면 "**대 야사**(Great Yasa)가 구성되었으며 결정된 사례를 바탕으로 더욱 풍성해지고 발전한 것이 분명하다. 칭기스 칸은 나에게 식히쿠탁에게 법을 체계화하라고 충고했는데, 이는 대야사를 편찬하고 시행하기 위해 두 위대한 인물 사이에 논의가 있었다는 증거이다. 칭기스 칸의 질서 뒤에 숨은 사상은 모두 입법적 성격을 띠고 있으며, 칭기스 칸의 위대한 야사는 청서에서만 기록되었을 뿐만 아니라 그 위대한 야사가 성문법이었다는 증거이기도 하다."[292] 칭기스 칸의 대야사에 대한 올바른 정의는 그 대야사가 실제로 어떤 법이었는지를 결정할 수 있는 현실적인 가능성을 제공할 수 있다.

3. 야사크(Yasaq, Zasag)의 의미

'몽골비사(*The Secret History of the Mongols*)'에 나오는 **야사크(Yasaq)**'라는 용어는 우선 모든 가능한 각도에서 철저하게 연구되어야 한다. 이 용어는 명사와 동사 내용으로 독특한 역사적 연대기인 몽골비사(문단 74, 81, 153, 189, 193, 197, 199, 227, 240, 257 및 278)에서 나온다. 몽골비사 74항에는 "귀족 어머니가 야생 마늘과 야생 양파를 먹인 아들들이 통치자가 되었다, 고상하고 고귀한 어머니에게서 들백합 아홉근을 먹인 아들들은 질서 있고 지혜롭게 되었다."[293] 몽골

---

292 N. Nyam-Osor, 대야사는 성문화된 법칙으로, 몽골비사 등의 자료와 대야사의 원본을 조사하는 전 세계 여러 나라의 학자와 연구자가 수행한 연구를 통해 입증할 수 있다. 국제학술대회 발표 논문집, 울란바토르, 2015, 18면.

비사에 나오는 '통치자'와 '질서'라는 단어는 거의 동일한 의미를 표현하지만, 한편으로는 통치에 대한 보증으로 해석될 수도 있다. 몽골어 '**Yasaq**'의 어원은 ZASA-zasakh(몽골어로 зас-засах, 바로잡다, 수정하다라는 뜻)이다. 18세기 초에 편찬된 '21일 주석(*Хорин нэгтний тайлбар толь*)'이라는 사전을 훑어보고 동사 'zasakh'의 의미를 찾으려고 하면, 다음과 같은 설명이 나와 있다. "나쁜 것을 좋은 것으로 만들기, 텡게리(Tenggeri)의 아래 사건을 재판하라. 문장의 한 단어를 바로잡아라."[294] 몽골 언어학자들은 '조절하다'(수정하다, 고치다)라는 어근의 뜻을 가진 동사 ZASA에 명사를 만드는 접미사 G가 붙어서 명사 Zasag(자삭)이 생겼다는 가설을 내놓았다.[295]

칭기스 칸의 **대 야사(Great Yasa)**에 대해 처음으로 쓴 사람은 유바이니(Juvaini)로, 그는 몽골을 두 번 방문했으며 1252~1253년 카라코룸에 있을 때, *Tarikh-i-Jahan Gusha*(세계 정복자의 역사)라는 책을 썼다. 주바이니는 "그의 통치 초기에 칭기스 칸은 정당하거나 기존의 원시적 관습과 습관을 종식시켰고 이론적 관점에서 칭찬받을 만한 법률을 확립했다."[296]라고 썼다.

---

293 구근 식물의 아시아 종인 야생화 나리속, 푸밀룸(Lilium pumilum)의 뿌리, 역시 몽골 출신.
294 Sh. Choymaa, M.Bayarsaikhan, "Great Yasa라는 용어에 대하여-Great Yasa의 원본 조사", 국제학술대회 발표논문집, 울란바토르, 2015, 35면.
295 Sh. Choymaa, M.Bayarsaikhan, 앞의 책, 35-36면.

몽골 역사의 대작인 연대기 개요에는 다음과 같이 기록되어 있다. "칭기스 칸이 최고의 운명을 가진다는 것이 분명해지자마자 그의 칙령은 (국민에 의해) 인정되었다. 그의 엄격한 **야사크(yasag)**는 그가 질서와 규율을 가져오는 데 도움이 되었다."[297] 이것으로 판단하면 야사크(yasag)에 기초한 법과 질서가 확립된 것이 분명하다. 연대기 개요에는 '**야사크**'(yasag)라는 단어가 몽골어로 번역되어 있는데, 이는 법전(몽골어로 засаг хууль)을 의미한다.[298]

따라서 '**야사크**'라는 단어를 칭기스 칸이 채택한 법률의 이름으로 해석하는 것이 일반화되었다. '몽골비사'(The Secret History of the Mongols)에서 'yasaq'라는 단어는 법령, 명령(몽골어로 зарлиг)이라는 단어와 함께 더 일반적으로 사용되었다. 위의 모든 내용을 바탕으로 '야사크'라는 단어는 칭기스 칸의 통치로 해석될 수도 있다. 앞서 언급한 마르코 폴로의 글처럼, 칭기스 칸 통치의 공정성을 목격한 다른 나라 사람들은 자발적으로 그에게 복종했다.[299]

내몽골 학자 N. Tsogt는 칭기스 칸이라는 책에서 주로 몽골 제국 시대에 쓰여진 대부분의 이슬람 자료에서 '**Yasa/**

296 Juvaini, 앞의 책, 28면.
297 Rashid al-Din, Fadl-Allah Hamadani, 1373/1995, M.Roushan and M.Musavi(ed.), *Jami al-Tawarikh*, Vol. 1, 582면. (간접 인용)
298 Rashid al-Din, *Compendium of Chronicles*, 몽골어로 번역, Khatagin Gotovyn Akim의 서문 및 해설, 제2판, 울란바토르, 2015, 448면.
299 마르코 폴로의 여행기, 앞의 책, 147면.

Yasaq'에 대한 메모를 분석하여 주바이니의 세계 정복자의 역사와 라시드 알딘(Rashid al-Din)의 *Jami al-Tawarikh* (연대기 개요서)에 기록된 칭기스 칸의 '야사(Yasa)'를 지적했고 칭기스 칸의 판단의 관점과 관련된 상황에서 등장하는 용어로 법률, 지시, 교리, 국가 규칙, 국가 외교 정책 등의 개념을 전달한다.[300] N. Tsogt에 따르면, 명령, 시스템, 법률 및 입법, 국가 명령, 심지어 '야사(Yasa)'와 관련된 명령까지 포함하고 내몽골 학자에 따르면 '야사(Yasa)'라는 단어는 칸의 칙령을 따르지 않으면 위반자가 처벌된다는 의미이다. 내몽골 학자 N. Tsogt는 몽골비사의 구체적인 예를 언급하고 '야사'라는 용어를 분석하여 "'야사'라는 단어는 칸의 칙령을 위반한 것에 대한 비난이나 처벌의 의미를 전달한다."라고 결론지었다.[301] 앞서 언급한 모든 내용을 요약하면 'Yasaq', 'Yasa'라는 단어는 통치하고, 질서를 부여하고, 처벌하는 것과 같은 개념을 전달한다.

4. 단 하나의 사실에 대한 언급

이제 우리는 칭기스 칸의 법칙이 왜 현명하다고 여겨졌는지 이해하기 시작했다. 칭기스 칸은 자신의 법을 통해 도덕을 보호하려고 노력했으며, 이를 위해 형벌을 사용했다. 그의 법은 귀족과 평민 모두의 마음에 새겨져 결코 잊혀질 수 없었다. 칭

---

300 N.Tsogt, 앞의 책, 20~40면.
301 위의 책, 44~61면.

기스 칸의 법이 어떻게 수세기에 걸쳐 몽골인들의 행동과 생각의 중심으로 계속 남아 있었는지에 대하여 몽골 변호사의 간단한 한 가지 예를 들어보겠다.

지난 세기 1920년부터 1929년까지 9년 동안 몽골에 살았던 헝가리인 요제프 겔레타(Jozsef Geleta)는 몽골의 공정하고 신속한 법원 절차에 대해 다음과 같이 썼다. "돌을 챙겨 만족스러운 마음으로 집으로 돌아가던 중, 법과 질서가 표면적으로 발달한 유럽에서 이 사건을 해결하는 데 시간이 얼마나 걸릴지, 납세자의 돈이 얼마나 쓰이는가?"[302] 이 저자는 요제프 겔레타와 관련된 이 사건이 법원에서 어떻게 조사되고 해결되었는지에 대한 요제프 겔레타의 메모 중 일부를 존경하는 독자들과 공유하는 것이 적절하다고 생각하며 이는 상당히 유익할 수 있다. 요제프 겔레타는 칼간(Kalgan)[303]으로 가는 운전사에게 매우 비싼 에메랄드 돌을 독일의 보석 연마 회사로 우편으로 보내도록 주었다. 당시에는 오르구(Urguu)에서 외국으로 우편을 통하여 소포를 보내는 것이 불가능했지만, 칼간에서 오는 우편 서비스는 문제가 되지 않았다. 요제프 겔레타는 운전기사에게 서비스를 요청하고 영수증을 가져오

---

302 Ladislath Forbath, 새로운 몽골 또는 몽골에서의 9년, D. Bat가 헝가리어를 몽골어로 번역, 울란바토르, 2015, 295면.

303 칼간(Kalgan)과 같은 다른 이름으로도 알려진 장자커우는 오늘날 중국 북부 허베이성 북서부에 있는 현급 도시로, 남동쪽으로 베이징, 북쪽과 서쪽으로 내몽골, 남서쪽으로 산시와 접해 있다. 장자커우는 역사적으로 20세기 중반까지 유럽인들에게 칼간(喀拉干)으로 알려졌다.

라고 요청했다. 몇 주 후, 운전사는 오르구(Orgoo)로 돌아왔지만 우편 영수증을 달라고 했으나 운전사는 그것을 칼간에 두고 왔다고 하였으니, 요제프 겔레타는 즉시 운전사가 거짓말을 하고 있다고 의심하고 마침내 요제프 겔레타가 몽골 친구에게 물었으니 그 친구가 법원에 가야 한다고 제안했다.

요제프 겔레타(Jozsed Geleta)는 판사의 집(ger: 몽골 게르)으로 찾아갔지만 법원 서기만 혼자 있는 것을 발견했고, 법원 서기는 서둘러 "판사를 모셔오겠다."라고 말하고 갔다. 몇 분 뒤 판사가 왔다. 겉으로 보기에 그는 별로 달라 보이지 않았고 겸손한 사람이었다. 판사는 요제프 겔레타에게 우호적으로 인사하고 다리를 꼬고 앉아 요제프 겔레타에게 앉으라고 손짓하고 원하는 것이 무엇인지 물었다. 요제프 겔레타는 일어난 모든 일을 설명했고 증거로 운전사가 에메랄드석을 받았음을 확인하는 운전사의 서명이 있는 문서를 꺼냈다.

판사는 고개를 저으며 "글쎄요. 제가 계획을 세워보겠다."라며 법원 서기에게 즉시 운전사를 불러오라고 지시했다. 요제프 겔레타는 판사와 함께 게르에 남아 있었고, 판사가 손에 머리를 기대고 앉아 깊은 생각에 잠겼다. 그는 그를 쳐다보지도 않았고, 한마디도 하지 않았다. 15분쯤 지나자 법워누 서기가 운전사와 함께 돌아왔다. 법원 서기가 "여기 있다."라고 말하자 판사는 화난 표정으로 운전사를 바라보았고 차분하면서도 불안한 어조로 운전사에게 말을 걸었다. "당신은 우편으로 보낸 보석에 대한 영수증을 제출하지 않아 법원에 고소당했다. 이것이 사실인가? 그렇다면 왜 보석을 우편으로 보내지 않았는가?" 운전사는 뭔가를 중얼거리며 이전에 요제프 겔레타에게 했던 말을 반복했다.

"거짓말하지 마라."고 하며 판사는 "우체국에 보석을 맡기지 않았다."고 더욱 강경한 어조로 비난한 뒤 곧바로 운전사의 양손에 수갑을 채웠다. "진실을 말씀드리자면, 보석은 내 친구한테 칼간에 있다."고 떨리는 목소리로 말했다. "부끄럽지 않니, 이 바보야, 내가 좋은 교훈을 줄 테니 기다려라, 보석을 주인에게 돌려줄 때까지 너를 감옥에 가두어 두겠다."

"용서해 주시기를 간청한다. 내일은 승객 몇 명을 태우고 칼간까지 다시 운전해야 한다."

"그럼 가도 되지만 몸값은 돌아올 때까지 여기에 보관해 두어야 한다."라고 말하며 요세프 겔레타를 바라보며 "동의하십니까?"라고 묻자 "네 결정대로 하라."고 진심으로 답했다. 짧지만 정확한 재판이 인간에게 말로 표현하기 힘든 깊은 감동을 주었기 때문이다.

"좋다"고 판사는 운전사를 바라보며 말했다. "그 보석을 갚을 만큼 몸값을 가져오시오. 나는 당분간 당신을 감옥에 가두지 않기로 결정했다. 우리는 다음달 15일이 되기 전에 이 사건을 끝내야 한다."

이 판사의 결정은 얼마 지나지 않아 결과를 낳았다. 운전사는 마감일 전에 자신의 약속을 지키고 판사에게 왔다. 그는 요세프 겔레타를 불러 테이블 위에 놓인 모든 보석을 하나 하나

세어 그에게 건네주었다.

"모든 보석은 온전한가요?" 판사가 물었고 요제프 겔레타는 "예"라고 고개를 끄덕였다.

"이 사람을 처벌해야 할까요?" 판사가 물었다.

요제프 겔레타가 "그렇지 않을 것 같아요."라고 말했을 때, 운전사는 죄책감을 내고 그의 눈은 마치 어린아이처럼 두려움에 떨고 있었다. 판사는 운전자에게 "형을 받지 않고 풀려난 것에 감사해야 하고, 나무 화분에 매달린 꽃처럼 되지 않게 된 것을 기뻐해야 한다."고 말했다.

판사는 "다시는 이런 범죄를 저지르지 말아야 한다. 다시 실패하면 자비가 없다는 것을 기억하시오."고 하였다.[304]

몽골인들은 칭기스 칸의 법 덕분에 정직해졌다. 이와 관련하여 니콜라스 포페(Nicolas Poppe)는[305] 몽골인들은 진실하고 정직하다고 썼는데,[306] 나는 몇 가지 예를 사용하여 이를 확증하고 싶었지만 그 중 하나만 언급하도록 하겠다. "몽골인들은 동전을 가져본 적이 없었다. 예를 들어 식량을 보충하기

---

304 Ladislath Forbath, 앞의 책, 293-295면.

305 니콜라스 포페(Nicolas Poppe, 1897~1991)는 중요한 러시아 언어학자였다. 그는 또한 그의 이름이 독일어 형태인 니콜라우스 포페(Nikolaus Poppe)로도 알려져 있다. 그는 학술 출판물에서 종종 N. N. Poppe로 인용된다. 1949년에 그는 미국으로 이주하여 몽골 공부를 계속했다. 그는 연구 목적으로 몽골을 방문했다. 그의 책, *Reminiscences*는 1983년에 인쇄되었으며, 영어, 일본어, 몽골어로 번역되었다.

306 Poppe, *Reminiscences*, NEPKO publishing, Ulaanbaatar, 2007, 69면 or Nikolai Nikolaevich, *Poppe, Reminiscences*, East Asian Studies Press, studies on east asia, volume 16, 90면.

위해 양 한 마리를 사야 할 때 정확한 금액을 지불해야 했다. 그러므로 나는 몽골의 니켈, 다임, 쿼터 등의 화폐가 담긴 나무 상자를 가지고 다녀야 했다. 몽골인들은 호기심이 많았다. 우리가 어떤 장소에 도착할 때마다 그들은 이렇게 묻곤 했다. "이 상자 안에는 무엇이 들어있는가?" 그리고 "이게 무엇인가?" 내 가이드 Dagva가 그들에게 그것이 돈이라고 말했을 때, 그들은 놀라며 그것을 보겠다고 주장한다. 내가 방문한 장소 중 한 곳에서 나는 약 60 (몽골어로 Бээр)[307] 마일 떨어진 곳에 바위에 비문이 있다는 것을 알게 되었다. 나는 궁금해서 말을 타고 갔다가 다음날 돌아올 계획을 세웠다. "내 은화 상자를 어떻게 해야 합니까?" 나는 Dagva에게 물었다. 그는 "여기에 놔두세요. 아무것도 안 일어날거야."라고 답하였다. 나는 그가 제안한 대로 했고 다음날 Dagva와 내가 돌아왔을 때 모든 것이 완벽하게 정리되어 있었다. 그 누구도 아무것도 가져가지 않았다.[308]

칭기스 칸은 몽골인들에게 정직하고 비밀을 털어놓고 속임수에 의지하지 말라고 가르쳤으며, 이 특성은 수세기에 걸쳐 사람들의 마음속에 각인되었지만 두 이웃 나라의 교활한 상인들이 이를 이용하고 있었다는 것은 두 이웃 국가의 학자

---

307 몽골어로 Бээр(Beir)는 영어로 마일이다. 고대에 몽골인들은 1.5~ 2km에 해당하는 Бээр라는 용어를 사용하여 거리를 측정한다.

308 Poppe, *Reminiscences*, 앞의 책, 69면 or *Reminiscences*, East Asian Studies Press, studies on east asia, volume 16, 앞의 책, 89면.

들의 글에서 분명하게 나타난다. 약 150년 전 유명한 러시아 지리학자 N. M. Przhevalsky[309]의 개인적인 관찰에 따르면, "후자(중국, 저자 나랑게렐 표기)는 가장 추악한 방식으로 단순한 마음을 가진 몽골인들에게 강요했다. 가을 캐러밴이 도착하면 중국인들은 그들을 만나러 나가고 주인을 초대하여 숙소를 무료로 제공하고 모든 관심을 기울었다. 몽골인은 이 모든 환대를 진심으로 받아들이고, 그의 주인에게 중국인의 차를 운반하기로 계약한 상인과 자신을 대신하여 결산하도록 권한을 부여했다. 이것이 바로 중국인이 원하는 것이었다. 항상 선불로 지불되는 돈을 받으면, 그는 가장 비양심적인 방법으로 고객을 속인 다음 첫 번째 물건을 제공하고 다음에는 두 배의 가격을 요구하는 다른 물건을 제공한다. 그런 다음 돈의 일부는 세금과 공무원 수수료로 유보되고, 더 많은 돈이 오락에 지출되어 몽골인이 큰 수입 중 극히 일부만 남기고 칼간을 떠날 때까지 사용된다."[310]라고 썼다.

거의 100년 전에 러시아 지리학회 톰스크 지부에서 몽골에

---

309 니콜라이 미하일로비치 프르제발스키(Nikolay Mikhaylovich Przhevalsky)는 폴란드 출신의 러시아 지리학자이자 중앙아시아와 동아시아의 유명한 탐험가였다. 그는 러시아 참모 군단의 중령이었다. 그는 중앙아시아의 지리 지식을 확장하는 데 탁월한 공헌을 했다. 1869년부터 그는 몽골의 지리와 자연을 연구하기 위해 탐험차 몽골을 두 번 방문했다. 그는 '몽골, 탕구트 국가, 북티베트의 고독'이라는 제목의 여행기를 출판했다(*Монголия и страна тангутов*, 1876).

310 N. M. Przhevalsky, 몽골, *The Tangut Country and the Solitudes of Northern Tibet*, London, 1876, 37면. (J. Nergui가 러시아어를 몽골어로 번역, 울란바토르, 2011, 40면.)

파견한 원정대의 보고서에는 다음과 같이 적혀 있다. "러시아 상인들이 몽골인들에게 빚을 갚도록 강요한 사례가 여러 번 있다. 몽골인들은 순수하고 순진한 성격 때문에 상인들이 잘못된 요구를 하고 있다는 것을 알면서도 자신의 의견을 표현할 수 없기 때문에 그들의 요구에 굴복할 수밖에 없다. 상인들의 음탕하고 탐욕스러운 행위는 몽골인들의 마지막 푼까지 긁어모았다."[311]

칭기스 칸은 세계에서 가장 개방적이고 정직하며 공정하고, 말을 잘하고, 인내하고 자제하며, 탐욕과 악한 생각을 싫어하고, 친절하고 한대하는 유목민 몽골족을 변화시키는 데 성공했다. 이런 특성으로 몽골인들은 "나는 몽골인이다."라고 자랑스럽게 말한다. 그러한 몽골인들은 140년에 걸쳐 세계에 발전과 행복, 평화와 평온을 가져왔으며 이에 대해서는 제3장에서 자세히 다루었다.

---

311 M. I. Bogopelov 및 M. N. Sobolyev, 러시아–몽골 무역(러시아–몽골 무역에 관한 에세이), 러시아 지리학회 톰스크 지부가 몽골로 파견한 탐험대의 보고서, 10, 울란바토르, 2011, 231면.

뿌리로 돌아가기

1. 도덕이 썩게 내버려 두다

학식 있는 사람들은 도덕적 타락의 결과로 초래되는 위험에 관해, 꽤 광범위한 연구를 수행해 왔다. 2,500년 전 아리스토텔레스는 사람들의 미덕이 침식되고 있고, 공적 자금을 횡령함으로써 더 부유해지고 있다고 썼으며,[312] 탐욕이 자리를 잡았다고 경고했다. 이에 대해 몽테스키외는 250년 전에 다음과 같이 썼다. "사람들은 존경받지 못하는 행정관의 역할을 원한다. 상원의 심의는 무시된다. 그런 다음 상원 의원과 결과적으로 노년기에 대한 모든 존경심은 제쳐두게 된다. 노년을 공경하지 않으면, 현재 부모도 없고, 남편에 대한 공경도 사라지고, 주인에 대한 복종도 없어질 것이다. 이러한 명령은 곧 일반화될 것이며, 명령을 내리는 어려움은 복종하는 일만큼이나 피곤한 일이 될 것이다. 아내, 자녀, 노예의 모든 복종이 사라질 것이다. 더 이상 예의, 질서, 미덕 같은 것은 없을 것이다."[313]

---

312 아리스토텔레스, 정치학, B. Dash-Yondon, 몽골어로 번역, 울란바토르, 2006, 65면.
313 몽테스키외, 앞의 책, 131면.

도덕적 타락은 정의-불의, 대담함, 두려움, 부끄러움-뻔뻔함, 책임 무책임, 믿음-배신, 친절함-불친절함, 명성-무명, 진실-거짓, 신뢰-교활, 인내심 있음-참을성이 없음, 존경-경멸, 조화-불화, 자애로움-인색함, 사교적-비사교적, 탐욕 없음-탐욕스러움, 친절함-부러움, 용서-복수, 우호-적대, 후대-인색 등을 통해 나타난다.

칭기스 칸이 돌아가신 후, 그와 가까운 친척들 사이에서 도덕적 타락이 점차 표면화되기 시작했을 때, 당시 몽골 황제들은 그 확산을 막아야 하는 엄청난 도전에 직면했다. 하나의 예가 있다. 칭기스 칸의 뜻에 따라 왕위를 계승한 오고데이 칸(Ogodei Khan) 통치 기간에, 오고데이 칸의 형인 주치(Juchi)의 아들 바트(Bat)는 그의 형제들에게 "나는 당신의 형이다."라고 말했을 때, 오고데이 칸의 아들 구육(Guyuk)과 그의 당대 사람들은 가능한 모든 방법으로 그를 모욕했다. 이 사실을 알게 된, 오고데이 칸(Ogodei Khan)은 "이 사람은 누구의 조언을 따랐다는 것은 이 생물이 자기보다 나이 많은 사람에 대한, 이야기로 입을 가득 채우는 것을 의미하는가?"[314]라고 격분하여 구육(Guyuk)을 강하게 처벌했다. 대칸이 남긴 왕좌를 차지하기 위해 황금 혈통(Lineage) 구성원들 사이에서 타협하지 않는 권력 투쟁 행위는 위대한 몽골 제국을 파멸의 위기로 이끄는 조건을 만들었다.

---

314 몽골 비사(*The Secret History of the Mongols*), para. 276, Igor de Rachewiltz 번역, 195면.

효과에 대한 칭기스 칸의 지시, 즉 "……너희 중에 지도자가 없고 다른 형제들과 아들들과 돕는 자들과 동무들이 그 의무에 복종하고 그 명령에 복종하면, 너희들 상황이 머리가 많은 뱀과 같으리니"[315] 라는 말은 심하게 무시당하고 있었다. 칸의 왕좌를 위한 투쟁은 더욱 격렬해졌고, 사리사욕은 몽골 통합의 벽을 무너뜨렸다. 몽골 통치자 중, 일부는 탐욕스러워졌고 일부는 술을 마시며 즐겁게 놀았다. 이로써 거의 140년 동안 전 세계를 휩쓸었던 강력한 몽골 제국은 약해지기 시작했고, 16세기에는 작은 공국으로 쪼개진 몽골 제국에서 가신국과 민족들이 이탈했다. 몽골 칸은 제국을 자손에게 나누어 줌으로써 강력한 몽골 제국을 작은 흩어진 영토로 나누었다. 황금 혈통의 구성원들은 화합을 숭상하고, 노인을 공경하며, 탐욕을 삼가는 칭기스 칸의 뜻을 무시하고, 대칸의 왕좌를 위해 서로 싸우기까지 했다.

칭기스 칸은 평화롭게 살고, 부모를 공경하고, 탐욕을 피하는 것을 부지런히 설파했지만, 황금 혈통들은 이를 무시했다. 예를 들면, 오이라드(Oirad)가 몽골제국에서 분리되어 적대적인 정책을 펼치기 시작했고, 이에 따라 칸국이 몽골을 분리하기 시작하자 제국으로서의 위상이 흔들리기 시작했고, 나라 자체가 포위되면서 운명이 위태로워지는 국면에 처하게

---

315 Ala al-Din 'Ata Malik Juvaini, 세계 정복자의 역사, John Andrew Boyle이 *Mirza Muhammad Qazvini*의 텍스트에서 번역, 1958, 41면.

되었다. 몽골인들이 연합하여 강력하게 만든 두 강대국에 의해, 두 이웃 국가의 지도자들은 몽골인들이 다시 부흥하고 강해지는 것을 막는 정책을 추구하기 시작했다.

피비린내 나는 내부 분쟁으로 인해, 몽골인들은 두 이웃 중, 한 사람에게 지원과 도움을 구해야 했다. 몽골인들은 외국의 법을 따르기 시작했는데, 이는 그 자체로 몽골인들이 독립을 잃었다는 증거였다.

2. 만주법에 복종

몽골인들 사이의 피비린내 나는 분열과 균열은 만주 청나라의 도움으로 간신히 멈췄다. 몽골인들이 만주 청나라에 항복한 이유는 몽골 원 제국이 붕괴된 후, 중국이 몽골의 지배에서 벗어나 명나라를 건국하고 독립 국가로서 몽골인들을 상대하기 시작했기 때문이다. 명나라는 황금 혈통 구성원들 사이의 도덕적 타락과 분열을 기회로 삼아 다시 몽골의 부흥을 막기 위한 정책을 추진하기 위해 수십만 명의 명나라 병사들이 여러 차례 몽골 영토 깊숙이 침투했지만, 그 성과는 오래가지 못했다. 또한, 몽골인들은 명나라를 끊임없이 공격하여 왕조 북쪽 국경의 평화와 안정에 심각한 위협을 가했고, 이로써 명 왕조는 국경 보호에 막대한 투자를 하게 되었고, 이는 경제를 심각하게 훼손시켰다. 결과적으로 명나라[316]와 몽골[317]은 모두

---

316 1645년 명나라는 만주 청제국에 의해 점령당했다.
317 칼카 몽골은 1641년 만주 청제국의 통치에 복종했다.

약해져서 점차 중국과 몽골의 코앞에서 점점 강해지고 있던 만주 청나라의 지배를 받게 되었다. 몽골인들 사이의 내부 균열과 분열은 자살 행위로 판명되었다. 만주족도 몽골족과 마찬가지로 유목민의 후손으로 도덕성이 높았다. 더 작은 영토로 쪼개졌던 몽골인들은 점차 만주족의 지배를 받게 되었고, 이 일이 일어났을 때, 만주족 청나라는 수많은 분열된 몽골국 행정을 손대지 않은 채, 마치 칸과 왕자들의 권력과 특권인 것처럼 가장했고, 칭기스 칸의 황금 혈통은 해체되지 않았지만, 실제로는 각 호쇼(khoshuu: 깃발)를 주권적 실체로 남겨두었다. 한족은 칼간에서 몽골로 이주하여 토지 농업에 종사하고, 목초지[318]를 만들고 몽골 여성[319]과의 결혼을 금지하는 법이 통과되었으며, 이러한 조치는 한동안 몽골을 달래고 진정시켰다.

만주 황제가 몽골인들에게 다양한 칸(Khan), 칭왕(또는 청왕은 만주시대 제1왕자를 의미한다), 베일(3등 왕자), 베이스(귀족), 궁(duke) 등 관직을 수여한 것은 1253년 유바이니(Juvaini)가 썼던 대로 몽골인은 "직함을 거의 사용하지 않는 좋은 전통이 있었고, 계급이 높은 사람들은 거만하게 행동하지 않았다. 왕이 된 사람을 칸이라고 불렀으며, 다른 칭호는 사용하지 않았다. 칸의 아들과 형제들은 태어날 때 받은 이름으로 불린다. 상류 귀족과 평민들도 이 관습을 따라야 한다

---

318 외몽골 행정부 법률 제10권 제10.1조가 칙령에 따라 통과되었다.
319 칙령에 따라 통과된 외몽골 국가 행정부 법률 25권 25.71 조항.

."[320]는 전통을 무시한 것이었다. 이에 따라 실제로 몽골의 화합과 단결의 힘은 완전히 약화하였다. 만주족은 몽골족을 엄격하게 통제하여, 몽골 귀족과 관리들에게 만주어를 배우도록 강요했다. 뇌물을 통해 모든 업무를 수행함에 따라 뇌물 수수가 만연해졌다. 가장 중요한 문제에 대한 최종 결정은 만주 황제에 의해 이루어진 것이다.

샤머니즘을 가지고 있던 도덕적 유목민인 몽골인들은 16세기에 의도적으로 몽골에 유입된 불교를 접하게 되었고, 많은 남자가 승려가 되어, 평정심 유지의 중요성을 설교했고, 이는 몽골 인구 증가를 저해했고, 용감하고 정직한 몽골인들은 이에 굴복했고, 그들은 투지를 잃기 시작했다. 누구도 이해할 수 없는 티베트어, 누구도 이해할 수 없는 신의 책과 경전, 신상과 그림, 마녀와 다양한 종교의례 등은 몽골인의 도덕을 쇠퇴시켰다. 유명한 러시아 탐험가 프르제발스키(Przhevalsky)는 1875년에 다음과 같이 썼다. "순수한 혈통의 부도덕은 주로 라마승에게만 국한된 것이 느껴진다."[321] 거의 모든 몽골인들이 묵주 기도하고, 집마다 승려가 있었고, 몽골인들은 승려와 점성가들에게 각자의 행위에 관해 물어보니, 마치 사슬에 묶인 것 같았다. 남쪽 나라는 돈 걱정 없이 곳곳에 사찰과 모스크를 많이 지었다. 혐오스러운 적들과 그들의 칼에도 굴복할 수 없는 몽골 전사들이 총카파(몽골어로는 Зонхов) 경

---

320 Juvaini, 앞의 책, 26~27면.
321 N. M. Przhevalsky, 앞의 책, 62면.

의 힘으로 이렇게 소심하고 순종적으로 될 것이라고는 생각
지도 않았다. 만주 황제는 중국을 침공한 후, 북경에서 직접
몽골을 통치하기 시작했고 267년 동안 중국을 통치한 만주족
은 중국의 생활 방식과 문화에 동화되었고, 위대함을 잊기 시
작하자, 몽골은 중국 제국의 신민이 되었다.

그 결과 몽골인들은 점차 광대한 목축 영토의 일부를 외국
에 빼앗기기 시작했다. 몽골에 관한 이 중요하고 가치 있는 정
보는 유명한 덴마크 탐험가이자 인류학자인 헤닝 하슬룬트-
크리스텐센(Henning Haslund-Christensen)이 1932년에 쓴
책에 처음 기록되었으며, 이 책은 그의 나라뿐만 아니라 유럽
전역에 센세이션을 일으켰고 많은 언어로 번역되었으며, 내
용의 요약은 다음과 같다. "중국의 만리장성이 평원의 부족들
에 맞서는 난공불락의 요새였던 시절은 지나갔다. 중국인들
은 스스로 만리장성을 공격하고 있었기 때문에 경비병 없이
남겨졌다. 해마다 그들(중국인)은 그들의 영토를 북쪽으로 수
킬로미터 확장했고, 몽골인들은 고비 방향으로 밀려나고 가
난해지며 그곳에서 이주하고 있다. 내가 이 땅을 남쪽에서 북
쪽으로 횡단했을 때, 나는 이 전투가 어떻게 진행되고 있는지
에 대한 비극적인 상황을 목격하게 되었고 이 전쟁은 느리고
지루한 전쟁이지만, 몽골이 패자가 되고 남쪽에서 침략하는
중국이 승리자가 될 것이라는 데는 의심의 여지가 거의 없다.

그들의 기원은 중국 상인, 단자드(Данжаад 영어로 Danjaad)
또는 몽골 사원 근처의 작은 마을에 정착한 부유한 중국 가족

이었을 수 있다. 그들은 심지어 중국 술(Chiu)을 가져오는 것도 잊지 않았다. 중국인은 몽골인을 채무자와 차용자로 만드는 방법을 알고 있다; 몽골인들은 돈을 빌리고, 중국인들이 대출금 상환을 요구하지 않았기 때문에 몽골인들은 한동안 돈을 낭비하고 잔치를 벌이고 술을 마시곤 했다. 중국인들은 몽골인들이 곧 대출금을 갚을 수 없게 될 것이라는 사실을 알게 되면, 그들에게 압력을 가하고 심지어 잔인한 중국 법과 경찰력으로 위협하기까지 했다. 그 결과, 중국인들은 몽골인들의 좋은 목초지를 점유하여 산둥성(Shāndōng)에서 온 중국인 이민자들에게 임대했다. 몽골인들은 고비 깊숙이 밀려 들어 갔고, 그곳의 초목은 그들의 가축을 제대로 키울 수 없었다. 여름에 사람이 살지 않는 목초지를 중국인들은 매우 싼 가격에 구입하게 될 것이다. 그리고 얼마 지나지 않아 몽골인들은 겨울에 사용할 게르(ger)의 덮개 만들기에 충분한 양모를 제공하기에는 모자라는 몇 마리의 양만 남게 되었다. 몽골인들은 겨울에는 고기를, 여름에는 우유와 유제품을 제공할 동물이 전혀 없게 되었고, 차와 담배 및 기타 소비재를 사기 위해 물물교환을 할 말이 없게 되었다. 몽골 여성들은 중국 여성들과 달리 열악한 환경에서 살아남고 힘든 일을 해낼 수 있으므로 중국 이주 남성들은 젊은 몽골 소녀들을 아내로 삼는 데 관심이 있었고, 이곳에서 젊은 여성들이 거래되었다.

결국, 나이가 든 몽골인들은 옛 땅으로 돌아가 땅의 새로운 주인을 위해 일하게 되고, 한때는 그들에게 속했던 양과 소를 돌보게 되었다. 중국 이민자와 그의 몽골인 아내 사이에서 태어난 소위 새로운 세대는 가장 혐오스러운 이종 교배자가 될 것이다. 그들은 이 두 종족의 최악의 기질과 성격을 스스로 구현하게 될 것이다"[322]라고 헤닝 하슬룬트-크리스텐센은 썼다.

20세기 초, 청나라 정부는 대몽골에 관한 정책에 일대 전환을 하여 중국인들을 몽골에 대거 정착시키고, 경작과 농업에 종사하게 했다. 중국인이 몽골 여성과 결혼하는 것을 금지한 것을 취소했다. 1911년 초, 만주 정부는 쿠레 암반 (Хүрээ амбан-암반은 만주어로 '고위 관료') 몽골 국경 수비대를 중국군으로 교체하는 것을 결정하고, 이에 따라 몽골에 주둔하는 중국군의 수를 늘렸다. 청나라 정부의 이러한 행동은 모든 몽골인의 강한 분노를 불러일으켰다.

3. 소련법 따라 하기

만주족 청나라의 통치에서 벗어나려는 몽골인의 시도는 결국 몽골인들이 북쪽 이웃에게 지원을 구하도록 촉발하였다. 이러한 상황에서 몽골 임시정부가 수립되었고, 러시아에 사신을 파견하여 도움을 요청하였고, 러시아 정부는 몽골을 지원하겠다고 약속하였다. 러시아 차르국은 17세기 초부터 몽골에 관심을 가지기 시작했고, 9차례의 원정대를 몽골에 파견했다. 비공식 기록에 따르면, 1870년부터 1920년 사이에 몽골

---

322 Henning Haslund-Christensen, Jabona: *Abentuer in der Mangalei*, B. Bayarsaikhan, 독일어를 몽골어로 번역, Ulaanbaatar, 56~57면.

을 방문한 150명 이상의 원정대가 러시아가 몽골에서 무역과 상업을 하는 데 따른 이익을 측정하고 미래 전망을 파악하기 위해 조사를 수행하고 정부에 보고하고 있었다.

칭기스 칸 황금 혈통의 후손들은 1911년 복드 칸의 영향을 받아 몽골의 독립과 주권의 부활을 전 세계에 공식적으로 선포했다. 얼마 지나지 않아서 외국군이 몽골을 침공했고, 몽골은 외국군을 제거하기 위해 소련 러시아의 도움을 구해야 했다. 소련의 원조와 지원이 몽골에 어느 정도의 발전을 가져온 것은 부인할 수 없다. 그들은 이전 세대의 역사적, 전통적 가치를 거부하고 이를 '봉건적 후진성'과 '잔인함'으로 분류했으며 소련 법률을 그 원천으로 사용했다.

점차 마르크스-레닌주의가 몽골의 국가 정책 차원에서 강요되고 적용되었다. 이 이데올로기에서 이전 체제의 주요 지식 세력이었던 칭기스 칸 황금 혈통의 직계 후손인 귀족들과 쿠툭투(хутагт хувилгаад 환생라마들)와 그들의 가까운 친척들을 모두 계급적으로 반대자 적으로 낙인찍고, 그들을 상대로 대량학살 정책을 실행하였다. 몽골 사회에서 가장 도덕적이고 지적인 부분은, 먼저 그들의 지위, 직함, 권위를 박탈당했고,[323] 참정권이 금지되었으며,[324] 공무원 봉직도 금지되

---

323 1924년 몽골인민공화국 헌법(MPR) 제13조에는 "왕(만주 청나라 귀족 계급, 왕자를 의미), 궁(만주 귀족 계급, 공작을 의미), 태극(황금의 남자 구성원)의 계급과 직위가 명시되어 있습니다. 칭기스 칸의 혈통), 쿠툭투족과 환생자들의 모든 행정권과 소유권을 말살해야 한다."

324 1924년 몽골 인민 공화국(MPR) 헌법 제35조에 따라 전 왕

었으며, 이어서 그들의 부와 재산이 몰수되었다.[325] 그리고 마침내 그들은 가까운 친척들과 함께 살해당했다. 대대로 명석하고 세습적이며 지적인 '천재'였던 몽골 사회의 주도 세력은 멸절되었고, 오지 농촌에 전해지는 목동들은 몽골 정부의 지도력으로 대체되었으며, 대다수의 도덕이 쇠퇴되고, 대다수의 말과 행동이 불일치하고 '위선자'가 되어 정의를 잃었다. 몽골인들은 그들의 놀라운 조상을 기억할 권리조차 박탈당했다. 조상의 전통을 이어가던 지식인들은 육체적으로 몰살당했고, 그들 중 일부는 민족주의자라는 이유로 박해와 차별을 받았고, 국가 권력은 소련의 영향력, 소지역주의(지방주의, 지역주의), 혈연관계 등 개인적 기준에 따라 임명되었고, 애국주의와 도덕의 의미가 신비화되어 기존 정치 체제의 수명을 단축하였다.

4. 서양법에 휩쓸림

소련과 사회주의 체제의 붕괴는 전체적으로 몽골에 직접적인 영향을 미쳤다. 그 나라는 미래의 발전 방향을 스스로 정의해

(Wang), 궁(Gung), 쿠툭투스(khutuktus)의 모든 대표단(의회)에 대한 투표 및 선거에 출마할 권리가 폐지되었다.

325 1929년 MPR의 Baga khural 상임위원회(하원)는 "펠트 게르뿐만 아니라 착용할 옷과 종교 신을 포함한 맨손의 가정용 도구 및 도구를 압수할 필요가 없다"라고 선언하는 결의안을 채택했다. Zasag Wang, Gung, Taiji 및 khutuktu의 동산을 가지고 환생하지만, 금, 은, 지폐 및 동전과 같은 기타 모든 품목, 귀중하고 화려한 물품 및 일상생활에 중요하지 않은 물건, 고급스러운 가정 도구 및 일상복이 아닌 옷은 모두 압수해야 한다."

야 하는 엄청난 도전에 직면해 있었다. 그런데도, 몽골 국가와 정부 지도자들은 다음과 같은 일반적이고 화려한 '민주주의', '법치국가', '준법', '다당제', '다원주의', '자유선거', '인권', '자유', '자유시장', '평등', '언론의 자유' 등 용어를 사용하기 시작했다. 국민의 복지에 힘쓰지 않고, 오히려 이익만을 추구하는 시장 경제는 국가의 산업, 농업, 교육, 보건, 문화, 과학 부문을 유례없이 훼손했다. 정신세계 전체가 검게 물들고 무분별한 행위가 만연해졌다.

서구 이론에 따르면, 시민의 아주 작은 움직임까지 법으로 규제하고 통제하려는 시도에도 불구하고, 600개에 가까운 법률이 통과됐지만, 도덕적 타락은 멈추지 않았다. 사회 전체가 법의 족쇄 아래 있고, 법의 미명에서 국가의 불법 행위가 합법화되고, 법이 도덕보다 우선시되고, 국가가 약탈당하게 되었다. 검은색을 흰색으로, 흰색을 검은색으로 바꿀 수 있는 법, 법원, 돈에 집착하는 변호사들의 손에 몽골 사회 전체가 넘어갔다.

칭기스 칸의 스승인 찬충의 말에 따르면, "음식을 찾으면 나눠 먹고, 어려울 때는 함께 나누고, 지친 사람을 도우려고"[326] 노력하는 많은 몽골인이 탐욕에 굴복하여 돈 앞에 무릎을 꿇었다고 한다. 법으로 금지되지 않은, 모든 것을 허용한다는 서구의 이론에 따르면, 몽골인들은 그들의 도덕을 낙후된

---

326   진인 찬충의 서유기, 도교 총대주교 Qiu Chuji 또는 Changchun Zi, 앞의 책, 18면.

것으로 거부했다. 몽골 비사에 기록된 "조국을 잃지 말고 질서를 지키라."[327]라는 가르침을 발로 짓밟았다. 연합 몽골 민족의 단결은 깨졌고, 집단은 분열하였다. 몽골의 고대 문화와 문명의 요람인 원시 목초지가 유례없는 침략과 약탈을 당하고 있으며, 원시 자연과 환경은 복구할 수 없을 정도로 파괴되었다. 광산을 통해 국가를 발전시키려는 꿈은 몽골에 감당할 수 없는 빚을 안겨주었다.

만약, 칭기스 칸이 두 번 연속으로 선거 기간 집권했다면, 무슨 일을 성취했을까요? 사람이 위대한 일을 창조하기 위해서는 자신이 운명의 주인임을 느끼고 평생 노력하는 것이다. 평생을 바쳐도 시간이 적다. 서구식 민주주의를 맹목적으로 추종한 몽골은 국가의 연속성을 잃었고, 돈과 부를 축적하는 것 외에는 다른 목적이 없는 근시안적인 사람들의 피난처가 되어 국가가 파산 위기에 처해 있다. 따라서 국가가 서구 법률을 '응석 부리게 할' 일을 하지 않을 것이라는 점은 너무나 분명해졌다.

5. 마침내 뿌리로 돌아가기

몽골인들은 옛날부터 가축을 위한 목초지를 찾아 이주해 온 새로운 장소가 적합하지 않다는 것을 알게 되면, 본거지로 돌아가는 민족이었다. 우리의 본거지는 우리가 태어난 곳이자,

---

327 몽골비사, Tsend Damdinsuren이 현대 몽골어 형태로 번역한 고대 몽골어, 울란바토르, 2009, 8면 또는 몽골 비사, para.126, Igor de Rachewiltz 번역, 호주국립대학교, 앞의 책, 49면.

우리가 몸을 씻은 물이 있는 조국이다. 우리나라는 광대한 대초원, 고비와 산림이 있어 무척이나 아름답다. 몽골인들은 광활한 초원지대에서 행복하고 평화로운 삶을 살았을 뿐만 아니라, 전 세계에 평화와 평온을 이룩한 민족이다. 유목민의 후손인 우리는 외국의 보호와 지원이 필요하지 않다. 과거의 400년 동안 몽골인들은 한쪽으로부터 보호받기 위해 다른 쪽에서 피난처를 구걸했고, 우리는 다른 누군가에게 의존하고 있었는데, 이에 대해서는 이미 앞에서 언급한 바 있다. 이로써 몽골인의 도덕이 더욱 약화되고 쇠퇴하였다. 누구나 고국에서 물려받아 눈동자처럼 소중히 여기는 전통을 지키려고 노력하는 것처럼, 몽골인들도 하늘 아버지께서 주신 에너지의 집합체인 생활 방식을 보존해야 할 필요성을 깨닫기 시작했다. 몽골인이 최고의 말을 타고, 영원한 푸른 하늘 아래 풍부한 유목민 문화유산 속에서 살아갈 수 있다면, 이보다 더 큰 행복이 있겠는가? 몽골인들은 마음 깊은 곳에 인류의 가장 기본적인 본성을 지니고 있다. 한때, 인류 사이에서 밝게 타오르던 진정한 행복과 평온한 삶의 불꽃은 유목민 몽골인들의 마음과 정신 속에서 계속 타오르고 있다.

또한, 본거지로 돌아가려고 한다는 것은 "나는 몽골 사람이다."라는 자랑스러운 자존심을 지키겠다는 뜻이다. 최근에는 공평함, 솔직함, 개방성, 두려움, 상식, 인내, 단순함, 호기심을 품고 있지만, 증오와 시기를 싫어하는 것이 몽골인들을 차별화하는 미덕 중 일부였다는 것이 최근의 일이다. "나는 몽골 사람이다."라는 것은 친절, 명예, 선배에 대한 존경, 친절과 환대, 사랑, 순수함, 정직함과 같은 미덕으로 정의된다. 칭기스 칸의 스승 찬충은 다음과 같이 썼다. "몽골인들이 항상 가지고 있던 가장 귀중한 미덕 중 하나는 윗사람이 말씀과 약속을 어기지 않았다는 것이다."[328] 몽골인들이 먹는 음식, 입는 옷, 사는 집, 심지어 그들이 키우는 동물까지도 모두 자연, 기후, 생활 방식에 적응했고, 몽골인들은 비록 숫자는 적지만, 그들의 소박함과 행복한 삶으로 인해, 그들은 탐욕과 욕망에서 벗어나 평화롭고 평온한 삶을 살게 되었다.

몽골인들은 자신들의 역사, 관습, 전통을 항상 중요하게 여겨온 민족이다. 어린이들이 조부모, 노인, 조상을 사랑으로 공경하도록 교육하는 데 특별한 관심을 기울였다. 외국인들은 "몽골 부모들이 자기 자식을 버릇없게 키울 만큼 바보가 아니다."[329] 라고 지적했다. 그들은 조상의 영광스러운 역사를 자식들에게 들려주면서 자신들의 관습과 전통을 무시하지 않으려고 노력했다. 칭기스 칸은 천지 제국을 세웠을 때, 노인을 금처럼 귀하게 여기고,[330] 노인을 국가의 황금 수단으로 삼아 노인을 공경하는 세계에서는 보기 드문 풍습을 창안했다.

---

328 진인 찬충의 서유기, 도교 총대주교 Qiu Chuji 또는 Changchun Zi, 앞의 책, 48면.

329 F. A. Larson, 몽골인 사이에 살고 있는 몽골인, (몽골과 몽골인 사이에서 보낸 기간), A. Tserenchuluun, 독일어를 몽골어로 번역, 수정된 번역이 포함된 두 번째 출판, 울란바토르, 2015, 41면.

330 Gegeen Mergen Luvsandambiijaltsan, Altan Tobchi, 몽골 역사 연대기 시리즈, Vol. 12, 울란바토르, 2006, 164~165면.

몽골인들은 비록 수가 적더라도 민족의 단결 (약속을) 지킬 수 있고, 서로 갈라지거나 편을 들지 않을 때, 그들의 슬픔과 시련을 극복할 수 있었다. 이것이 바로 칭기스 칸이 "모든 사람이 행복하게 살기를 원할 때, 행복은 단결의 힘으로만, 가능하다."[331]라고 칙령을 내린 이유이다.

칭기스 칸은 내가 몽골인이라는 자긍심과 자부심을 키우는 데 특별한 역할을 했다. 몽골인들은 영원한 텡기리(Tenggiri)가 위대한 칸(Great Khan)은 매우 높은 도덕성과 미덕을 지녀야 한다고 믿었던 칭기스 칸에게 모든 권력을 부여했다고 믿었다는 것은 칭기스 칸이 "내면의 감정을 정화하는 데 성공한 사람은 그의 나라에서 도둑과 강도를 없앨 수 있다."[332]라고 말한 것이 간결하게 입증되었다.

몽골의 국가 정책이 어떠해야 하는지를 외국인으로부터나 외부로부터 배울 필요가 없다. 칭기스 칸은 멘토에게 보낸 편지에서 국가 정책이 어떠해야 하는지 명확하고 정확하게 다음과 설명했다. "나, 왕은 북방 대평원에 살며 성실히 정의를 세우고 파멸을 멈추도록 하고, 가축 업자에게 옷과 음식을 나눠주며, 군사와 학자들을 형제처럼 존경하고 평화를 존중하고, 자선을 베풀라."[333]고 했다. 이것이 아마도 정치가가 가장

---

331 Lu Altan Tobchi, 몽골 역사 연대기 시리즈, 울란바토르, 1990, 106면.

332 Rashid al-Din, The *Jami al-Tawarikh* '*Compendium of Chronicles*', 앞의 책, 449면.

333 진인 찬충의 서유기, 도교 총대주교 Qiu Chuji 또는 Changchun Zi, 앞의 책, 18면.

큰 책임을 지고, 조국과 국민의 이익을 위해 끊임없이 노력한다는 것이 의미하는 바일 것이다. 칭기스 칸은 몽골인들을 제위치에 놓을 수 있었고, '*Jami al-Tawarikh*(연대기 개요)'에서 언급한 바와 같이 "그는 현자와 학자, 용감하고 대담한 자를 군사령관으로 삼았고, 열심히 일하는 사람과 똑똑한 사람에게는 말 올가미를 주어 말을 키우게 했고, 게으른 사람과 뚱뚱한 사람은 징벌하여 양치기로 일하게 했다."[334]

칭기스 칸은 "천년 동안에 여러 세대에 걸쳐 변하지 않는 나의 가르침을 따르라."[335]라고 칙령을 내렸지만, 몽골인들은 역사상 어느 시점에서 그의 가르침을 무시했고, 지난 220년 동안 그는 만주족처럼 '꾸짖음' 행동을 했고, 약 70년 동안 '소련인'이 되려고 노력했지만, 또한 지난 30년 동안 '세계인'이 되도록 시도했지만 실패했다. 지금은 우리 몽골인들은 고향으로 돌아가서 다시 몽골인의 삶을 살고, 다시 진정한 몽골인이 되는 것 외에는 다른 길이 없다.

---

334 라시드 알딘, 연대기 개요, 앞의 책, 448면.
335 사이샤알(Сайшаал), 칭기스 칸의 역사, 울란바토르, 2010년, 397
     ~398면에서 발췌, Qiu Shusen, 원나라 역사, 제1권, 29면 인용.

찾아보기

표지 디자인에 대하여

이 책의 표지 디자인은 저자인 학술원 소도브수렝 나랑게렐에 의해 구상된 상징적 도안이다. 표지에 사용된 '스와스티카(몽골어로는 'Xac'라 표기하며 '카스(Khas)'로 발음함)'는 기하학적 문양이자 유라시아 여러 문화에서 기원한 고대 종교적 상징으로, 몽골 문화에서 신성과 영성을 상징하는 도상이다. 이는 인도 및 중국 문화에서도 마찬가지로 같은 의미를 표상한다. '스와스티카'라는 명칭은 산스크리트어에서 유래하였으며, 본래 '안녕을 가져오는 것, 상서로운 것'을 뜻한다. 소도브수렝 나랑게렐 교수님의 표지 도안에는 카스 문양을 중심으로, 팔방을 상징하는 여덟 갈래 방향, 칭기스 칸의 '여덟 황백색 말', 태양과 창공-텡그리, 책과 지식, 그리고 영원히 회전하는 차크라의 상징이 조화롭게 담겨 있다.